LA FRANCE

ET

L'ALGÉRIE

PAR

HENRI DE SENHAUX

JURISTE

DEUXIÈME ÉDITION

O France bien aimée! protége, secours, sauve ton Algérie, renaissant à l'espérance, mais encore éplorée; elle te rendra, en peu d'années, plus puissante qu'avant le jour néfaste où la guerre fut déclarée!

3 mars 1871.

PARIS

CHALLAMEL AINÉ, LIBRAIRE-ÉDITEUR

30, RUE DES BOULANGERS, ET 27, RUE DE BELLECHASSE

CHEZ TOUS LES LIBRAIRES DE L'ALGÉRIE

1872

LA FRANCE

ET

L'ALGÉRIE

PAR

HENRI DE SENHAUX

JURISTE

DEUXIÈME ÉDITION

O France bien aimée! protége, secours, sauve ton Algérie, renaissant à l'espérance, mais encore éplorée; elle te rendra, en peu d'années, plus puissante qu'avant le jour néfaste où la guerre fut déclarée!

3 mars 1871.

PARIS

CHALLAMEL AINÉ, LIBRAIRE-ÉDITEUR

30, RUE DES BOULANGERS, ET 27, RUE DE BELLECHASSE

CHEZ TOUS LES LIBRAIRES DE L'ALGÉRIE

1871

BAR-SUR-AUBE, TYP. E.-M. MONNIOT

AVANT-PROPOS

J'ai commencé cet ouvrage il y a un an, sous l'Empire. Je prenais mon temps : je prévoyais avec tristesse que l'administration militaire, profitant de sa prépondérance dans les conseils du Souverain, empêcherait pendant longtemps les réformes nécessaires en Algérie, et dont l'étude est mon but. Je sentais que, quelle que fut la bonne volonté du Corps législatif, la colonie devait s'attendre à soutenir de nouveaux combats et à subir encore maintes épreuves avant de parvenir à son émancipation.

Une prescience fâcheuse me montrait bien des années s'écoulant, avant qu'il me fût donné de voir doter le pays des institutions qui lui étaient nécessaires. J'avais tout le loisir de travailler à les découvrir.

L'avènement de la République a modifié cette situation. Déjà on parle de remettre le gouvernement de l'Algérie entre les mains de l'autorité civile, changement heureux, qui est une des conclusions auxquelles j'avais été conduit par l'observation des faits. Aujourd'hui, donc, les choses vont vite; il faut se presser. Je me conforme avec joie aux circonstances nouvelles, et je bénis la Providence, malgré la guerre cruelle que nous soutenons, des beaux jours qu'il est permis d'espérer pour la France et l'Algérie.

8 Octobre 1870.

LA
FRANCE ET L'ALGÉRIE

CHAPITRE PREMIER

OBSERVATIONS GÉNÉRALES

J'ai pris pour dénomination de cet ouvrage celle même de son dernier chapitre. Cette idée m'est venue de ce que le sujet que j'y ai traité se présentait sans cesse à mon esprit, et m'engageait à prendre la plume.

Ayant déjà expliqué dans les autres parties du livre les procédés, selon moi, aussi simples que rationnels qui doivent assurer la prospérité de notre belle Algérie, je me suis plu, en terminant, à proclamer l'énorme accroissement de grandeur et de puissance que la France doit presque instantanément obtenir de cette colonie bien gouvernée.

La certitude d'un si bel avenir et le regret de ces biens depuis tant d'années perdus obsédaient et même enflammaient ma pensée ; ils s'imposaient à mon patriotisme ; ce me fut un bonheur d'en discourir en liberté.

La colonie est dans une phase de lutte et de transition. Elle a eu le malheur de se trouver, dès sa naissance, en présence d'intérêts contraires, qui lui ont suscité des ennemis d'autant plus dangereux, qu'ils se prétendaient ses amis et défenseurs, et ne parlaient qu'au nom de son intérêt. Un jour vint où ils se crurent tout puissants : ils se dévoilèrent, proclamant la volonté de fonder un royaume arabe, fermé aux Européens. Quoiqu'aujourd'hui ils soient connus, ils n'en sont pas moins restés redoutables, tant par leur union et les emplois qu'ils occupent dans l'état, que par leur retour à leur première dissimulation.

Une partie de ce livre est employée à les suivre dans leurs détours, à montrer les fautes auxquelles ils ont été entraînés par la passion, et à les combattre : car c'est d'eux que vient tout le mal.

Les pages qui les concernent ne sont pas celles que j'ai eu le plus de plaisir à écrire. Mais, désirant faire connaître les réformes susceptibles de remédier aux souffrances de la colonie, je n'aurais pas été compris si je n'avais constaté la maladie, avant de parler du remède.

On verra que j'ai toujours commencé par établir ce qui est, ce qui a été fait, pour en vérifier les avantages et en démontrer les inconvénients, s'il s'en est rencontré ; de là j'ai passé à ce qu'il faudrait faire. J'espère que par cette méthode le public sera rendu bon juge de toutes les questions soulevées, et que, devenu familier avec les choses de l'Algérie, il sera ensuite impossible de l'induire en erreur, et de lui faire accepter comme opportun ce qui serait nuisible.

Je prie qu'on me pardonne si j'exprime la conviction d'avoir indiqué la meilleure voie à suivre. Je n'y mets, je l'assure, ni outrecuidance, ni ostentation. Voilà quinze ans que je condense les observations que je suis à même de faire chaque jour sur les besoins de la colonisation ; il paraîtra sans doute naturel qu'après un si long temps je sois parvenu à me fixer : si je n'avais été convaincu je n'aurais osé écrire, et d'ailleurs je puis dire qu'en somme je n'ai pas inventé ce que je produis : je suis certain d'être en communauté d'idées sur les points généraux avec la majorité des Algériens.

Le lecteur verra que cette étude laisse de côté tout ce qu'il peut savoir par l'exercice de ses droits de citoyen français. Ainsi je n'ai pas parlé de l'élection des conseillers généraux, de celle des maires et des conseillers municipaux, de l'emploi des fonds destinés aux travaux publics, de la justice, etc... Il y a en France et en Algérie un grand nombre de personnes très compétentes sur ces matières, et il en est traité chaque jour, dans les feuilles publiques ou dans des ouvrages spéciaux, avec science et sagesse. Je ne pouvais mieux faire que de m'en rapporter à ces publications.

Ce que je livre au public est tout autre : j'ai en quelque sorte disséqué ce grand cadavre qu'on appelle le territoire militaire ; j'ai déchiré tous les voiles qui nous cachent la vie arabe ; j'en ai mis à nu toutes les plaies, même celles qui sont honteuses, avec modération toutefois. Car je ne l'ai fait que pour rendre plus sensible l'urgence de la guérison : mon but était d'être utile et non pas de médire.

Je crois que ce livre en apprendra beaucoup plus au lecteur sur les mœurs des indigènes et leur véritable état social, que certaines productions remplies d'historiettes et de récits fantastiques, qui sont répandues chez les libraires. Pour bien connaître un peuple il faut discuter ses lois, ses principes religieux, son système administratif et étudier sa manière de vivre. C'est ce que je me suis efforcé de faire sans exagérer les développements, mais avec des détails suffisants pour bien établir le vrai point de vue de chaque objet de discussion.

Comme tous les pays musulmans se ressemblent, en relevant les causes qui rendent la population indigène de l'Algérie malheureuse, j'ai révélé par cela même celles qui produisent le même effet en Turquie. Sans l'avoir cherché, le cadre que j'avais adopté s'est ainsi agrandi.

J'ai constaté par mes lectures qu'il y avait dans toutes ces choses un champ d'investigation fort incomplètement exploré et, en réalité, peu connu.

Je me suis efforcé d'y porter la lumière. Cela m'était indispensable pour motiver mes déductions. Mais ce but, quelque peu personnel, ne m'empêchait pas d'observer que mon travail serait peut-être utile à ceux qui seront appelés à faire disparaître législativement les difficultés qui entravent la colonisation algérienne, et à mettre en pratique les solutions indiquées par la théorie. Cette perspective m'a constamment encouragé, elle a été ma plus douce espérance.

CHAPITRE II

ÉTUDES LÉGISLATIVES

§ 1er

Généralités

Il résulte implicitement des observations qui précèdent que pour bien asseoir les arguments invoqués à l'appui des procédés de colonisation rapide que je propose, si simples que je les affirme, il m'a fallu d'abord étudier le peuple indigène. Or, en désignant les choses qu'il était indispensable d'observer avec soin pour bien connaître un peuple, j'ai placé en première ligne, sa loi.

C'est donc par cela que nous allons commencer : nous allons nous livrer à une discussion philosophique de la législation arabe.

La division la plus générale des lois régissant une nation comprend deux catégories : la loi civile et la loi criminelle.

Je remarque déjà que je n'ai pas à discuter la loi criminelle des Musulmans, par la raison que nos Codes d'instruction criminelle et pénal sont depuis longtemps appliqués aux indigènes de l'Algérie. Sous ce rapport il n'y a donc plus rien à faire : tout le bien désirable et possible a été accompli.

Mais, en ce qui concerne le droit civil, nous sommes loin d'être aussi avancés. Si les peuples musulmans pouvaient être classés au nombre de ceux que nous appelons civilisés, l'importation de notre loi au milieu d'eux serait facile : aujourd'hui en effet le droit civil de toutes les nations civilisées se ressemble. Mais malheureusement les races arabes sont à une distance inouïe de l'état de civilisation. De là naissent les difficultés.

Observons d'abord que le peu de différence que nous voyons entre les lois des divers peuples de l'Europe vient de ce qu'ils se sont ralliés en chaque matière aux principes généraux reconnus les plus parfaits ; ils ont fait leur profit des progrès de l'esprit humain ; ils se sont ainsi appropriés une riche moisson préparée dans le cours des siècles, on peut même dire dès l'apparition de l'homme sur la terre.

Si donc les Arabes avaient été sages ils auraient fait comme eux. Leurs lois seraient alors presque conformes aux nôtres ; mais il n'en a pas été ainsi.

Par un effet d'ignorance et d'orgueil, ils ont méprisé les traditions romaines qu'ils rencontraient à chaque pas, s'attachant au contraire à ces notions légales primitives que l'on rencontre à l'enfance de tous les peuples. Ils ne s'apercevaient pas qu'elles étaient tout au plus suffisantes pour des nomades, et qu'elles étaient inconciliables avec le développement d'un grand peuple et l'établissement durable d'une grande puissance. Cependant ils eurent la prétention de conquérir le monde. Cette aspiration, étrange chez un peuple qui se montrait incapable d'améliorer sa propre condition, fait bien voir qu'il est toujours plus facile de songer à s'approprier le bien du voisin, que de faire prévaloir chez soi la justice et la vérité !

Ces considérations font pressentir qu'il existe entre nos lois civiles et celles des arabes de grandes divergences, tout à leur désavantage. Bientôt en effet on le vérifiera. Nous ne nous rapprochons que dans les règles sur les contrats, ce qui tient à ce que tous les peuples contractent de la même manière. Ici, les principes nous sont communs par la force des choses. Cependant vous les trouverez malhabiles jusque dans cette matière, pour n'avoir pas su éviter les abus de la preuve testimoniale.

Mais vous indiquerai-je avec détail tous les points sur lesquels nous différons ?

Ce serait évidemment inutile. Il y a des parties secondaires qui ne doivent pas préoccuper celui qui ne veut que juger la législation d'un pays; la connaissance des principes généraux lui suffit ; avec du bon sens, même sans être légiste, il lui est aisé d'en déduire les conséquences.

Je vais donc ne m'attacher qu'à la recherche des règles qui sont à la base et forment le point de départ des parties importantes de la législation musulmane. Elles se trouvent dans le Coran. Mais comme ce livre est d'un laconisme désespérant, les commentateurs se sont chargés de le compléter par voie d'interprétation. Malheureusement ils n'étaient pas à la hauteur d'une telle entreprise : ils ont laissé subsister d'immenses lacunes, et ils se sont perdus dans des minuties et des subtilités d'argumentation.

Je ne suivrai aucun de ces jurisconsultes dans ses élucubrations. Il me sera plus commode de conserver l'ordre de notre Code civil. Il est d'ailleurs familier au lecteur, et cela lui permettra de se représenter avec plus de facilité l'ensemble de nos dissemblances légales avec les musulmans.

Avant d'entrer dans plus de détails, je tiens à dire, pour la garantie de mon amour-propre de légiste, que cette rapide revue législative n'aura rien que de très superficiel. Les personnes habituées à l'étude et à la discussion des lois sont donc priées de ne pas s'y méprendre. Je ne prétends à leur offrir que des appréciations générales ; je ne fais qu'effleurer les sujets. Elles auraient désiré peut-être davantage ; mais, pour les satisfaire, il aurait fallu écrire un gros volume ; il n'est pas possible de traiter à fond de la législation comparée des Musulmans et des Français, à moins d'y consacrer un fort in-octavo, peut-être deux. Mais alors il faudrait prendre cette étude pour unique objectif. De tels développements sont loin des quelques principes généraux qu'il est nécessaire de faire connaître au lecteur.

D'ailleurs le lecteur que j'envisage n'est pas jurisconsulte. Comme mon travail n'a d'autre but que de vulgariser l'intérêt français en Algérie, il en résulte qu'il s'adresse au plus grand nombre, à tout le public. Je ne devais pas essayer de le faire pénétrer dans l'imbroglio de nos lois, ni dans celui, plus grand encore, d'un certain fatras connu sous le nom de législation musulmane, assuré à l'avance qu'il ne m'y aurait pas suivi.

Je prie donc les juristes d'être indulgents pour les quelques pages qui vont suivre, et qui, sans ces explications, les auraient peut-être fait sourire. Ils voudront bien considérer que le faible étalage de science qu'elles contiennent paraîtra suffisamment ennuyeux à beaucoup d'autres. C'est même cette pensée qui m'a engagé à les semer de détails destinés à la récréation de l'esprit.

Si maintenant les légistes eux-mêmes reconnaissent que j'ai touché avec rectitude le système général de la loi musulmane, et que j'en ai mis nettement en relief les aberrations intolérables, ils m'accorderont la seule réussite à laquelle j'aspirais, et je serai satisfait.

§ 2

Actes de l'état civil

Je passe sur le titre premier du Code civil dont les articles intéressent exclusivement les Français. J'arrive au titre deux : il traite des actes de l'Etat civil. Il faut alors nous arrêter, car ces actes répondent à une des exigences de la vie sociale impossible à éluder, et il importe de savoir comment les Musulmans y satisfont.

Ils s'y prennent bien mal. Jamais ils n'ont constaté par des actes écrits, avec des formalités qui en garantissent la vérité, les divers faits de la vie d'un citoyen qui constituent ce que nous appelons son état civil. Ils ont recours, pour cela, à un moyen tout à fait primitif et insuffisant, qui n'est autre que la preuve testimoniale. Encore ils ne l'ont pas inventé : la nature le donne, et il se trouve à l'enfance de toutes les sociétés. Les nations civilisées l'ont avec raison depuis longtemps rejeté.

Parmi les difficultés qu'il crée chez nos indigènes, celles relatives au partage des successions méritent d'être notées.

Lorsque les grands parents meurent, si le bien qu'ils laissent est immédiatement partagé, il est clair qu'on établit aisément les droits successoraux de leurs descendants. Mais ce partage ne se fait pas toujours. Un grand nombre de familles arabes vivent dans l'indivision pendant plusieurs générations. Il arrive alors souvent que l'un des membres de cette association tacite demande tout à coup sa part. Elle est presque toujours très difficile à fixer. Il faut d'abord établir la généalogie du réclamant et celle de ses co-héritiers, afin de savoir quel est son degré de parenté avec le *de cujus*, s'il est collatéral ou descendant. On est ainsi obligé de recourir au témoignage des anciens du pays. Mais souvent cela n'avance à rien, le souvenir des aïeux s'étant perdu dans la mémoire des hommes. Dans une telle occurence, chacun se tire d'embarras en établissant sa généalogie à sa manière, sans négliger son avantage, assurément. On discute, on se querelle, on aboutit à des procès.

Les actes de l'Etat civil ne sont pas seulement profitables à ceux qui les possèdent, ils le sont encore aux tiers. Chaque jour ceux-ci se trouvent avoir le plus grand intérêt à les consulter. Par eux, ils vérifient les noms et les titres que tel ou tel s'attribue, s'il est marié ou célibataire, s'il a des enfants ou non, et ainsi de beaucoup d'autres choses. La négligence sur ce point exposerait parfois à un grand et irréparable préjudice. Or, si ces états n'existaient pas, il faudrait recourir au témoignage; mais il peut être impossible ou douteux : les gens prudents disposés à signer un contrat ou à parfaire un acte civil, le mariage par exemple, seront alors arrêtés.

Ce sujet comporterait de trop longs développements si nous voulions tout dire : nous nous restreindrons à deux autres inconvénients qui nous sont sensibles dans nos rapports avec les indigènes.

Le premier, c'est que le prévenu d'un crime ou d'un délit, s'il a changé de nom et s'il est loin de sa tribu, peut aisément dissimuler ses fâcheux antécédents ; le second, c'est qu'il est impossible de préciser l'âge d'un indigène.

Ceux des tribus ignorent toujours le leur. Si vous le leur demandez, ils trouvent la question si drôle qu'ils se mettent à rire : ils prennent cela pour une plaisanterie. Leur pantomime semble répondre — me croyez-vous assez simple pour ignorer qu'il ne m'est pas nécessaire de savoir mon âge pour manger tranquillement mon couscous; le mouton qui paît s'inquiète-t-il de cela? — Si au contraire ils sont certains que vous avez parlé sérieusement, ils rient encore, mais c'est pour se moquer de vous.

De ce que les Musulmans ne peuvent préciser la date de leur naissance, ils ont pris pour règle de faire coïncider la majorité avec les signes apparents de la puberté. Ils ne remarquent pas que ce procédé, outre qu'il répugne à la pudeur, devient la cause d'un nombre de procès d'autant plus grand, que la société marche vers un état de perfection plus avancé. Il favorise, en effet, la fraude de ceux qui cherchent à se soustraire à leurs obligations, en soutenant qu'ils étaient mineurs au moment où ils se sont engagés. Comme la minorité est protégée, même chez les Arabes, par de nombreuses incapacités, il faudra souvent démentir cette fausse assertion par une preuve contraire. Mais pourquoi tant de peine, quand un acte de l'Etat civil l'aurait si facilement évitée ?

§ 3

Mariage

Je laisse de côté les titres du domicile et des absents à cause de leur peu d'importance. J'ai dit qu'il était inutile de s'occuper de tout ce qui était d'un intérêt secondaire, et ces matières sont dans ce cas. J'arrive alors au titre du mariage.

Ce sujet est un des plus graves qui puissent passer sous les yeux du lecteur.

Les nations européennes ont traité la législation du mariage avec tout le soin que méritait ce grand acte de la vie civile. Persuadées que la débauche appauvrit le sang des peuples, elles ont fait preuve d'une austérité nécessaire et utile à son but principal, qui est la propagation de l'espèce, en n'accordant rien à la luxure. Les hommes de l'occident, édictant leurs lois dans la plénitude de la puissance et de la force, ont secouru la faiblesse de la femme. Ils ont consacré en sa faveur des droits nombreux qu'ils pouvaient lui refuser. Ils débutent par le plus important de tous : l'exclusion de la polygamie. On lit article 147 du code civil : « On ne peut con- « tracter un second mariage avant la dissolution du « premier. »

Les orientaux ont procédé tout différemment. Il semble qu'ils n'ont eu d'autre dessein que de satisfaire deux passions, qui, chez eux, sont peut-être dominantes : la luxure et la jalousie. La première leur a fait adopter la polygamie, la seconde les a conduits à la séquestration des femmes.

Avant le prophète, les Arabes pouvaient épouser autant

de femmes qu'ils le voulaient, et, quel que fut le nombre de leurs femmes légitimes, il leur était permis de concubiner simultanément avec toutes les esclaves qu'ils achetaient. Mahommet limita le nombre des épouses à quatre, mais il ne toucha point au concubinage. Il a dit simplement : « Épousez les femmes qui vous plaisent au « nombre de deux, de trois ou même de quatre. » Il n'a donc apporté qu'une très faible amélioration à de regrettables habitudes.

Encore, si peu sensible que fut sa restriction, il lui parut meilleur de ne pas s'y soumettre lui-même. Lorsqu'il mourut il laissa neuf épouses, sur quinze qu'il avait prises dans le cours de sa vie. Je n'ai pas cherché quel avait été le nombre de ses concubines, n'y trouvant aucun intérêt.

Le Christ ne procédait pas ainsi : si sa morale était pure, sa vie ne l'était pas moins. Montrer l'exemple est la meilleure manière d'évangéliser les hommes.

Aujourd'hui il n'est Sultan, Vice-Roi, Dey ou Bey qui puisse avoir plus de quatre femmes légitimes à la fois. Mais le concubinage explique ces harems immenses, où végètent des centaines de malheureuses, colombes captives, rassemblées pour les fantaisies lubriques d'un seul homme.

Mais ce n'est pas tout : car c'est le propre du mariage chez les orientaux de dérouter la raison. Les Arabes n'obéissent, quant à l'âge des femmes, à aucune prescription protectrice de l'enfance. Ils prennent, selon leur convenance, pour épouses ou pour concubines des jeunes filles de huit à neuf ans, et ils osent cohabiter avec elles !

Le docteur Perron, traducteur du jurisconsulte Sidi Khrélil, et qui a vécu longtemps au milieu des Arabes, s'exprime ainsi :

« Assez souvent les Musulmans épousent ou prennent « pour concubines des jeunes filles non encore réglées, « et qui n'ont pas plus de huit ou neuf ans. Cette habi-

« tude épuise rapidement la fraîcheur des femmes. Elles « sont enceintes de bonne heure, dès leur première pu- « berté. Aussi à l'âge de vingt ou de vingt-cinq ans, une « femme est flétrie, usée, et les produits de ces unions « précoces sont la plupart chétifs et condamnés à mou- « rir en bas âge. »

On pourrait s'étonner que Mahommet n'ait pas remédié à cette étrange habitude. On en trouvera l'explication dans les paroles d'Aïcha, celle de ses femmes qu'il aimait le mieux, elle dit : « Je fus mariée à l'âge de six ans à « Mahommet, et j'avais neuf ans quand il cohabita avec « moi. »

Est-il nécessaire d'ajouter que les pays, où de telles coutumes sont adoptées, sont en opposition avec le principe de morale absolue qui régit tous les autres peuples, et lui font outrage !

Quant à la séquestration des femmes, qui complète le système matrimonial des orientaux, il est difficile d'y voir autre chose que l'abus de la force. Il n'est de femme de Mahométan qui ne souffre de sa prison. Elles s'en plaignent chaque fois qu'elles peuvent causer librement avec des Européennes. Mais quand tous les hommes s'entendent pour vouloir la même chose, il faut bien que les femmes cèdent. Pour celles qui voudraient se montrer récalcitrantes, les musulmans ont des châtiments corporels qui sont sans réplique. En effet, le Prophète a dit : « Vous réprimanderez vos femmes dont vous aurez à « craindre la désobéissance, vous les reléguerez dans « des lits à part, vous les battrez. Mais, dès qu'elles « vous obéiront, vous ne leur chercherez point que- « relle. »

Toutefois, il faut dire que dans les tribus les femmes ne sont ni séquestrées ni voilées. Seuls, les musulmans des villes, plus exigeants que ceux des campagnes, les ont astreintes à ces rigoureuses pratiques.

Mais en compensation, les campagnards d'un naturel

plus rude que les citadins usent et abusent du droit de correction.

Voici comment un indigène du village d'Aïn-Trik, près Sétif, interprétait le passage du Coran que je viens de citer. Il avait une femme remarquablement belle et il en était jaloux. Lorsqu'il était mécontent il la pendait nue, par les pieds, à la perche soutenant le milieu de sa tente, et, s'armant d'un bâton, il l'en frappait sur les parties postérieures du corps. On lui en fit le reproche; il se montra fort irrité de ce qu'on osait se mêler de son ménage; il répondit aigrement que sa femme était à lui, qu'il l'avait achetée, qu'il était maître chez lui, et qu'il ne faisait ni plus ni moins que ses coreligionnaires.

Comme nos lois pénales atteignent les Arabes, elles deviendront un jour un frein à la brutalité des gens des tribus. Il était néanmoins utile d'indiquer ce qui s'y passe, afin que cela contribue à hâter le moment où notre police s'y exercera.

Si aujourd'hui encore, dans nos villes, la plupart des femmes indigènes se laissent placer sous les verroux, c'est un peu leur affaire. A moins de violence, notre loi n'a rien à y voir, et ce n'est qu'incidemment qu'il en a été question, à propos des effets de la puissance maritale.

Passons maintenant au divorce, dont la place était logiquement indiquée après le mariage et qui s'y trouve en effet.

§ 4

Divorce

Notre législateur, toujours prudent quand il s'agit du mariage, n'a point maintenu la loi promulguée dans le principe sur le divorce. Lorsqu'il eut reconnu qu'elle conduisait au dérèglement des mœurs et à de grands scandales, il la révoqua.

Il n'en a pas été de même chez les Arabes. Depuis que le monde existe, je crois, ils s'affranchissent à volonté du lien matrimonial, sans s'être jamais demandé si cela n'était pas mauvais.

Sur ce point la fantaisie du mari fait loi. La femme, l'être faible que nous venons de voir cruellement sacrifiée dans le paragraphe qui précède, l'est encore ici : elle n'a presque d'autres droits que ceux qu'il était comme impossible de lui refuser. Il y a donc de notables différences entre le divorce, selon le Code civil, et ce que nous avons rangé jusqu'à présent sous cette appellation en droit musulman. Le mot divorce n'y désigne qu'un des cas de la dissolution volontaire du mariage.

Ces cas sont très nombreux et seraient difficiles à ranger dans une classification méthodique. En voici les principaux :

En première ligne se présente la répudiation. Elle a lieu lorsque le mari, toujours maître de dissoudre le mariage, fait usage de son droit. Dès qu'il est fatigué de sa femme il lui dit par exemple : « Je te répudie » ou quelqu'autre mot sacramentel, et le mariage est rompu : l'épouse doit partir.

Il est vrai que si elle est exempte de reproches elle emportera sa dot tout entière. Chez les musulmans, au rebours de chez nous, le futur mari dote sa femme : il paie pour l'obtenir. Or, c'est la somme qu'il a versée pour elle aux mains de ses parents, le jour du mariage, qu'elle gardera. L'époux est donc en perte. Mais c'était le moins qu'il y eut cette juste compensation pour la femme, et qu'il existât un petit correctif à cette extrême facilité de rompre le lien matrimonial. Du reste, le mari ne perd jamais beaucoup : une femme arabe coûte en moyenne deux cent cinquante francs ; pendant la famine, on vit des pays où elles ne furent plus cotées que quinze francs.

Le divorce proprement dit est l'inverse de la répudiation. C'est alors la femme qui veut se séparer. Il lui faut, pour cela, obtenir le consentement de son mari. Il ne l'accorde pas toujours, lui qui est libre cependant ; ou s'il adhère à la demande, il a soin d'imposer les conditions les plus onéreuses ; il faut que sa femme achète sa liberté au plus haut prix.

Il y a un troisième genre de dissolution du mariage dit par option. Ainsi que le mot l'indique, l'union est brisée ou maintenue au choix de l'un des époux. Ce droit est ouvert à son profit lorsqu'il découvre chez son conjoint et après le mariage des infirmités graves et cachées. Telle serait l'impuissance ou la lèpre.

Enfin l'apostasie, les violences excessives et injustes du mari, son impossibilité de subvenir aux besoins de sa femme, forment d'autres divisions qui n'ont pas besoin de commentaire.

Les jurisconsultes musulmans subdivisent à l'infini cette matière. C'est, du reste, leur habitude. Ils épiloguent la valeur d'un mot. Si c'est un anathème, vite ils en font une cause de dissolution du mariage à part, sans remarquer que du moment qu'ils attachent à l'anathème cette vertu, ils retombent simplement dans la répudiation. Ils distinguent aussi, à l'instar du Coran, des dissolutions complètes ou incomplètes, le tout sans rien imaginer d'utile, sans biaiser, comme l'ingénieux prêteur Romain, avec des principes mauvais. L'avantage de l'homme sur la femme est énorme et injuste, ils ne le voient point, ils n'ont garde d'y toucher, ils l'amplifieraient plutôt. Ils suivent d'ailleurs dans leurs évolutions le génie de la race, qui se complaît dans les subtilités et divagations analytiques, dans les arguties en désordre et éparpillées. On ne saurait les suivre dans ce dédale.

Cependant la plupart des cas qu'ils imaginent rentrent dans les divisions qui précèdent, et en signalant le rôle d'exclusive liberté que l'homme s'est attribué, nous avons touché le grand vice du système.

Ajoutons, pour terminer, que l'apostasie n'est pas une cause de destruction de l'union conjugale que la philosophie tolérante de notre époque puisse sanctionner.

Dans ce qui reste du livre premier de notre code, il n'y a que la puissance paternelle qui soit, à quelques égards, digne d'être méditée.

§ 5

Puissance paternelle

Chez les musulmans le père de famille est un personnage dont les droits sont beaucoup plus étendus que chez nous : les enfants sont donc placés sous sa main d'une manière plus complète.

Toutefois, il y a des bornes qu'il ne peut franchir. Ainsi, notre loi pénale, qui défend de tuer ou de blesser tout être humain, l'oblige à respecter la vie de ses enfants, et à ne pas exagérer les corrections, au point de les blesser. Mais, à cela près, les limites extrêmes de sa puissance ne sont pas définies avec exactitude.

Le Prophète a dit : « l'enfant et son bien appartiennent « au père, » et ces seules paroles forment toute la loi : le commentateur Sidi Khrélil se borne à les répéter ; il est probable qu'il en est de même des autres.

Mais les Arabes aiment leurs enfants et les traitent avec douceur. Ils souffriraient très aisément qu'on diminuât leurs prérogatives paternelles : nous n'avons donc qu'à passer. Nous arrivons alors au livre second, dont l'objet principal est la propriété : son étude se recommande à toute la sollicitude du lecteur.

§ 6

Propriété

Personne n'ignore aujourd'hui que la propriété n'est pas assise en territoire militaire sur les mêmes bases qu'en France. Pour les indigènes, et relativement aux immeubles, les articles 537 et 544 du code civil n'existent pas à proprement parler. Le premier édicte : « les « particuliers ont la libre disposition des biens qui leur « appartiennent, sous les modifications établies par la « loi. »

Le second ajoute : « la propriété est le droit de jouir et « de disposer des choses de la manière la plus absolue, « pourvu qu'on n'en fasse pas un usage prohibé par les « lois ou par les règlements. »

Ce qui rend ces deux textes, si conformes à la raison, vides de sens et inapplicables en Algérie, chez les Arabes, c'est que la propriété y est en partie collective, et que, lorsqu'elle y est individuelle, elle se trouve entourée de si peu de garanties, elle est si peu protégée, que celui qui la détient aujourd'hui ne peut se tenir assuré d'en jouir encore demain.

Cependant la division de la propriété, sa transmission libre de toute entrave ont fait la fortune de la France. Avant 1793, lorsque le sol français était divisé en domaines inaliénables, répartis entre la noblesse et le clergé, la France ne comptait que seize millions d'habitants ; en 1815, malgré les guerres de l'empire, sa population était de vingt et un millions, et sous Louis-Philippe elle était de trente-cinq millions : ces chiffres parlent d'eux-mêmes.

La France devait donc se dire que ce qu'elle s'était donnée en 1793, elle devait s'empresser de l'octroyer à l'Algérie. Jusqu'ici l'a-t-elle fait ? Hélas non !

De là vient le malaise intense de la colonie. Les Européens trop peu nombreux qui l'habitent ne peuvent rien acquérir en territoire militaire. Ils ne peuvent sortir des étroites limites que les lois ou décrets ont circonscrites a leur activité ; ils y sont maintenus comme dans un cercle de fer. Ils ne peuvent augmenter en nombre et par conséquent en force. Pendant ce temps le nomade parcourt, sur des étendues considérables, les terres en friche et dénuées d'habitants, et ses troupeaux broutent l'herbe sauvage, seul produit des terres labourables.

Les Français de l'Algérie ont été longtemps avant de bien comprendre la nécessité d'une réforme complète de la constitution de la propriété en territoire militaire, afin de l'assimiler à celle de la France. Aujourd'hui ils la demandent, ils la veulent avec une fiévreuse ardeur ; ils y attachent avec raison les garanties de l'avenir, c'est-à-dire leur salut.

Dans l'état actuel, le sol de l'immense pays occupé par les Arabes est divisé en deux classes : la première comprend les terres nommées arch, la seconde celles dites melk. Le mot arch voulant dire, tribu, et le mot melk, bien privé, le terrain arch est celui qui appartient à la tribu, tandis que celui qui porte le nom de melk est la propriété particulière d'un individu.

Les tribus ne vendent jamais leurs terres. Toutes celles nommées arch sont donc inaliénables de leur nature. Elles comprennent des espaces toujours très vastes livrés à la vaine pâture, et des campagnes de choix destinées aux labours. Ces dernières sont partagées entre les familles de la tribu. Chacune jouit de sa part aussi longtemps qu'elle existe ; mais si elle vient à s'éteindre, la tribu reprend l'espèce d'usufruit à titre perpétuel qu'elle lui avait concédé.

Cependant il y a une exception à la règle : elle se produit lorsqu'une famille tombe dans un tel état de pauvreté, qu'elle est obligée de vendre son dernier attelage et sa dernière charrue ; ne pouvant plus cultiver sa terre, le caïd la lui reprend et la donne à d'autres.

Quant à ceux qui ont des propriétés melk, ils en sont les maîtres absolus, ils pourraient les vendre même à des Européens.

Malheureusement ce droit n'est qu'une vaine théorie, il se perd faute de pouvoir être exercé.

Les Arabes ne connaissent en effet ni l'enregistrement ni la transcription hypothécaire. Donc la date d'un acte peut toujours être simulée : rien n'empêche que le lendemain d'une vente l'acquéreur ne soit dépossédé par un tiers muni d'un titre dont l'époque est supposée antérieure au sien.

Puis, un vendeur ne peut jamais prouver sa propriété par des actes réguliers. Les actes ou jugements émanés des cadis mêmes n'y sauraient suffire. Ces fonctionnaires, magistrats et notaires tout ensemble, sont toujours trop brefs quant aux choses qui exigent des développements précis ; ils n'établissent jamais l'origine de la propropriété, la contenance, les tenants et les aboutissants.

Ils les supposent connus, c'est-à-dire qu'il faut s'en rapporter au témoignage des gens de la tribu.

Si tous ces éléments d'un contrat sérieux vous paraissaient fixés d'une manière irrécusable, vous auriez encore à craindre les réclamations de certains héritiers ou associés, à vous inconnus, se cachant peut-être le jour de la vente, mais qui ne manquent jamais de se présenter, après paiement dûment effectué, pour exercer une sorte de droit de retrait, appelé droit de chefâa que la loi musulmane leur accorde.

Et enfin seriez-vous à l'abri de toutes ces craintes, il vous faudrait encore compter avec la fraude des coureurs de propriété. Elle est facile, grâce à la preuve testimoniale qui est admise chez les musulmans, même contre les écrits. Un homme habile pourra toujours amener des témoins qui prouveront contre tous les moyens de preuves de votre vendeur, et un cadi rendra avec bonhomie un jugement qui le dépouillera. Vous donc, acheteur chrétien, juif ou musulman, vous êtes indirectement atteint : vous avez acheté d'un homme dont le droit n'a pas été respecté.

La propriété est ainsi placée, chez les Arabes, sous un système qui en rend la possession tout à fait précaire.

Elle est en butte à une multitude d'attaques, souvent suivies de succès, que lui suscite la convoitise des fripons. Le droit du propriétaire y fait l'effet d'un fantôme susceptible de s'évanouir à tout moment.

En cet état, un Européen n'achètera jamais que très difficilement d'un indigène, et, même entre indigènes, les transactions immobilières seront toujours extrêmement périlleuses.

Ce n'est pas tout, les vices de la législation sur les immeubles ont un contre-coup funeste sur les objets mobiliers : les transactions qui les concernent en sont rendues singulièrement difficiles. C'est une rude atteinte portée au commerce.

Quelle garantie pourrait en effet offrir un individu qui vit sous la tente, mange dans des écuelles de bois, et peut disparaître du jour au lendemain avec ses bestiaux et ses ustensiles sans valeur ? Il n'y en aurait qu'une : ce serait la terre sur laquelle il vit.

Mais aujourd'hui une grande partie du territoire est arch, c'est-à-dire inaliénable ; c'est donc une valeur qui disparaît. La moitié, ou un peu plus, est possédée à titre melk ; mais, sans l'intervention de l'enregistrement, de la transcription et des notaires, nous venons de voir où conduit ce prétendu droit de propriété.

Oserez-vous, alors, traiter à crédit avec un indigène une affaire quelconque sur ses grains, ses bestiaux, ou n'importe quelle autre de ses richesses mobilières, le sachant propriétaire d'un bien melk ? Lui avancerez-vous des fonds sur cette garantie ? Neuf fois sur dix vous répondrez : non. Vous savez trop bien que, s'il est de mauvaise foi, il fera disparaître la valeur immobilière dont il se dit propriétaire, profitant de ce que rien ne lui est plus aisé. Il manquera d'abord à ses engagements, et, le jour où vous le poursuivrez sur ses immeubles, ses coreligionnaires, amis et compères, vous opposeront des ventes simulées et antidatées. Par l'effet de la manœuvre frauduleuse qu'il aura concertée et exécutée avec le concours de ces derniers, vous en serez pour vos frais et peines, et vos avances seront perdues.

Il faut bien le dire, les Kabyles, qui sont tous propriétaires à titre melk, ne manquent presque jamais de se livrer à ces espèces d'évolutions dolosives. Or, la Kabylie est couverte d'oliviers ; voilà donc un commerce immense sur les huiles réduit à rien. Les Français avaient entrepris des opérations à crédit, c'est-à-dire en payant d'avance le prix d'une récolte ; ils ont été obligés d'y renoncer. Ils sont réduits à acheter au comptant, et tout le monde sait combien ces sortes d'affaires comportent peu de développement. Est-ce la peine d'aller chercher à grands frais des débouchés en Chine ou ailleurs, si nous en usons ainsi avec le bien qui est sous notre main !

Les faits de mauvaise foi que je signale, et auxquels se prête le vice de la loi, sont attestés chaque jour par de nombreux et tristes procès. Un avocat défenseur affirmait dernièrement devant le tribunal de Sétif, que sur vingt expropriations faites en Kabylie depuis un an, il n'y avait pas deux adjudicataires qui fussent entrés en possession.

Ainsi donc, et pour résumer, de quelque manière que soient possédés les immeubles du territoire militaire, qu'ils soient arch ou qu'ils soient melk, par l'effet du mauvais régime imposé à la propriété, ils sont hors du commerce, ou peut s'en faut. Nul Européen ne peut en acquérir sans s'exposer aux plus grands risques. C'est-à-dire, que sur mille transactions qui pourraient avoir lieu dans le cours d'une année, il ne s'en fait qu'une ou deux. Pendant ce temps les terres restent à peu près improductives entre les mains des Arabes. Or, je le demande, que de richesses perdues ! Quelle perte pour la France ! Le préjudice que le maintien de ces entraves déplorables a causé à la métropole depuis trente ans est incalculable. L'avenir lui apprendra ce que valait l'Algérie, elle sera surprise un jour des pertes en hommes et en argent qu'elles a subies, pour n'avoir pas écouté plus tôt les vœux sages et patriotiques de ses nationaux.

§ 7

Successions

Les successions font suite dans le livre II du Code civil aux dispositions générales sur les différentes manières d'acquérir la propriété. C'est donc le lieu d'en dire quelques mots.

La coutume des Arabes, plus ancienne que le Coran, est inscrite presque tout entière dans ce livre. Pour apprendre la loi de ces peuples, il faut décidément partir de ce principe, que toutes les fois qu'il y a chez nous égalité et simultanéité de droit entre l'homme et la femme, ils ont, au contraire, créé des priviléges au profit du premier : la femme est toujours sacrifiée. Cela a déjà été constaté, et on le vérifie ici une fois de plus.

Du reste le Prophète ne dissimule pas sa préférence pour le sexe masculin. Il a dit : « les hommes sont supé- « rieurs aux femmes à cause des qualités par lesquelles « Dieu a élevé ceux-là au-dessus de celles-ci, et parce que « les hommes emploient leurs biens pour doter les « femmes. » L'argument de dot, intervenu pour résoudre une question de supériorité morale, intellectuelle et physique, n'est peut-être pas, tout ingénieux qu'il soit, de ceux dont la solidité est à toute épreuve. Mais il n'en eut pas moins, il faut croire, de l'influence sur l'esprit du Prophète, car, en compensation des sacrifices que font les hommes pour se marier, il les a singulièrement avantagés dans les successions. Il a écrit, en effet : « Dieu vous commande dans le partage de vos biens de « donner au garçon la portion de deux filles ; s'il n'y a « que des filles, et qu'elles soient deux ou plus de deux,

« elles auront les deux tiers de ce que le père laisse ; « s'il n'y en a qu'une, elle recevra la moitié. »

Ainsi, non-seulement les musulmans ne veulent pas que les filles en concurrence avec les garçons aient une part égale, ils veulent encore qu'elles n'obtiennent qu'une fraction du patrimoine paternel lorsqu'elles sont seules. D'autres parents plus ou moins éloignés sont appelés à recueillir le reste.

Il est inutile d'entrer dans de plus grands détails. Les autres droits successifs qui découlent du Coran ont été réglés dans le même esprit : la parenté par mâle est toujours la mieux partagée.

Elle l'est à ce point qu'il serait difficile de lui faire une condition meilleure, sans donner aux parents le droit exhorbitant d'exclure complètement leurs filles de leur succession. Ce serait violenter la loi de nature ; mais chez les Orientaux la force est tout, la justice peu de chose : le sexe fort a suivi la pente qui l'entraînait à abuser de sa puissance, et cette violence au droit naturel, il l'a commise.

En effet longtemps après la mort du Prophète, les gens de loi imaginèrent un moyen d'arriver à ce résultat. Seulement, pour consoler les femmes, peut-être, une idée religieuse servit de prétexte.

Il fut décidé que tout chef de famille pourrait, dans un acte nommé *habous*, appeler sa descendance par mâles, jusqu'à son entière extinction, à jouir de l'usufruit de ses immeubles, à la condition d'en léguer, par le même acte, la nue-propriété à la ville de La Mecque, la sainte. La conséquence obligée d'une telle disposition était l'inaliénabilité des biens qu'elle envisageait ; ils ne pouvaient être vendus par ceux qui étaient successivement appelés à en jouir ; la vente qu'ils en auraient faite aurait été une fraude, car il suffirait de la production de l'acte de *habous* pour la rendre radicalement nulle.

Du mot *habous*, les Algériens ont fait le verbe *haboucer*.

Aussi lorsqu'un chef de famille a institué un habous sur quelques-uns de ses immeubles, ils disent qu'il les a haboucés.

Nous servant de ce mot, nous ajouterons que le chef de famille a aussi la faculté d'haboucer ses biens immeubles au profit de ses enfants du sexe féminin et de leur descendance; mais avec l'habitude des musulmans de ne faire que peu de cas de leurs filles, il arrive neuf fois sur dix que leurs garçons sont seuls bénéficiaires des habous. Il ne se voit que trop, en effet, chaque jour, par l'emploi de ces sortes d'actes, qu'ils n'ont d'autre but que de dépouiller les femmes de la minime part d'héritage que la loi leur avait réservée. C'est par suite de la connaissance de cet usage que nous n'avons considéré d'abord les *habous* que par rapport aux enfants mâles.

Jamais coutume à ce point nuisible et détestable ne fut adoptée par un peuple; outre l'injustice faite aux femmes, l'inaliénabilité des biens frappés de *habous* devint la cause de l'immobilisation d'une grande partie du sol, au détriment de la prospérité de l'état.

De plus comme rien ne révèle l'existence d'un habous, les transactions qui ont pour objet les immeubles restés libres en sont profondément contrariées. Il n'est acquéreur qui ne puisse et même ne doive se poser cette question: « qui me garantit que l'immeuble dont la vente « m'est proposée n'est pas haboucé ? »

Par un juste retour des choses, les musulmans ont été les premiers à souffrir du procédé qu'ils employaient pour opprimer les femmes. Ils étaient d'autant plus obligés de se tenir sur leurs gardes, qu'à tout moment des habous, vrais ou supposés, étaient employés pour faire des dupes. Nulle autre espèce d'actes n'a plus offert aux Talebs indigènes dépourvus de conscience, l'occasion d'exercer leur talent dans l'art de fabriquer ou falsifier les écrits.

Heureusement il fut remédié à ces fraudes par une

ordonnance du 21 octobre 1844 et un décret du 3 décembre 1858 : l'ordonnance protége les acquéreurs européens, et le décret en étend le bénéfice aux indigènes eux-mêmes.

Grâce à ces deux textes, les actes de habous ont perdu la vertu d'annihiler ou invalider la vente des immeubles placés sous leur empire. Le trouble le plus sérieux qu'ils causaient dans la sociéte est ainsi empêché, mais ils restent valables entre les membres d'une même famille comme dispositions testamentaires. Ils ne cessent pas d'offrir au père, mal disposé à l'égard de ses filles, la faculté de les éloigner de sa succession.

Espérons qu'avant peu le législateur prendra sous sa protection des droits si intéressants et si injustement méconnus !

Il nous reste à dire sur le habous, qu'il eut un autre but connu en Algérie : celui de soustraire les biens immeubles à la rapacité des pachas et autres gouverneurs de province, en les mettant sous le couvert d'une attribution religieuse. Mais cette considération est depuis longtemps déjà étrangère à l'Algérie. Même en territoire militaire, l'autorité, quelque absolue qu'elle soit, ne s'avise plus de ravir les melk à leurs propriétaires. Il nous était et il nous est, dès lors, inutile de nous occuper de cette face de l'institution.

On sait que notre loi équitable repousse toute distinction entre l'homme et la femme ; la pensée chrétienne peut s'enorgueillir de contredire la volonté islamite.

§ 8

Donations et testaments

Les donations entre vifs et les testaments qui font suite aux successions ne peuvent suggérer que des observations de peu de portée. La loi musulmane a établi comme la nôtre des restrictions à la faculté de donner par testament, mais il n'y en a pas à celle de donner entre vifs, tandis qu'il en existe chez nous : sur ce dernier point il n'y a donc plus similitude dans nos principes. A cela près, ces parties du droit ne contiennent aucune de ces questions faites pour émouvoir les indigènes ; si notre loi leur est un jour appliquée, ils feront sans nul doute peu de cas des dissemblances que nous signalons.

Les dons, sous quelque forme qu'ils soient faits, sont fort peu en usage parmi les Arabes. Ceux qui les connaissent savent qu'il ne faut pas s'en rapporter aux formules qui précèdent leurs lettres, où ils se flattent les uns les autres par l'épithète de généreux, entremêlée à celles de grand, glorieux, juste, sage, cavalier, pieux, etc., etc. On dit que nul ne parle plus de sa bravoure que le poltron, et il paraît que la méthode leur paraît bonne pour dissimuler leur extrême parcimonie.

Chose singulière, depuis 15 ans, j'ai vu, dans les villes, des indigènes du plus petit état, des cafetiers et des gargotiers, se montrer charitables ; mais jamais je n'ai remarqué qu'un opulent de la tribu ait donné à un pauvre. Ils ont, il est vrai, une formule très consolante pour éconduire celui qui leur tend la main. Ils lui disent : « Dieu te l'apportera, » sous-entendu ce que tu demandes, une obole. Il est douteux que le misérable soit convaincu de la vérité de ces paroles ; cependant elles ont le secret de lui faire aussitôt tourner les talons. Les Européens, qui les ont apprises, en ont obtenu le même résultat.

Dans les temps de famine il parut qu'il n'y avait peut-être pas sur terre une race plus dure et moins compatissante au malheur de ses semblables. Les Français versaient des larmes, vidaient leurs poches et organisaient des secours ; le riche indigène restait impassible. Des mauvaises langues, colportant à cette époque des propos recueillis dans les tribus, ont été jusqu'à dire que certains caïds se sont enrichis avec leurs amis des dons de la France. Nous n'en avons jamais rien cru ; mais si le fait était vrai : Dieu leur fasse miséricorde !

Il est inutile de s'étendre davantage sur ces choses. Les textes qui viennent après réglementent les contrats, dont les principes sont communs, ou peu s'en faut, à tous les peuples. Nous les laisserons alors de côté, à l'exception toutefois de ceux relatifs à la preuve testimoniale.

§ 9

Preuve testimoniale

Le Français, soumis à des lois qui sont le résultat de l'expérience des siècles, et qui voit le fonctionnement de la vie sociale s'opérer dans des circonstances heureuses pour la liberté individuelle et la sûreté de toute espèce de transactions, ne se doute pas de son bonheur. Il l'apprécierait vite, s'il vivait pendant quelque temps au milieu des peuplades de l'Algérie, restées stationnaires dans leur barbarie, et où tous les avantages dont il jouit n'existent plus.

Les désordres qui sont les conséquences d'un emploi exagéré de la preuve testimoniale le frapperaient d'abord. Il constaterait avec plus d'expérience, combien fut sage la volonté de notre législateur qui lui imposa d'étroites limites.

Chacun le sait, en France au-dessus de cent cinquante francs elle n'est plus admise : « Il doit être passé acte « devant notaire, ou sous signature privée, de toute « chose excédant la somme ou valeur de cent cinquante « francs ; il n'est reçu aucune preuve par témoins contre « et outre le contenu aux actes, » tel est le texte de l'article 1341 du Code Napoléon.

Chez les Arabes il n'est écrit qui ne soit susceptible

d'être anéanti par la preuve testimoniale, et il n'est valeur, million ou milliard, qu'elle ne puisse emporter d'assaut.

Il est vrai qu'en France nous pouvons arguer de faux un acte qui nous est opposé, et qu'alors il nous est facultatif, lorsque cela est nécessaire, de faire entendre des témoins. Mais cette accusation de faux n'est pas un moyen de défense qu'il soit permis d'invoquer à la légère. Déjà, au civil, une procédure dispendieuse, prescrivant des recherches minutieuses faites par des hommes impartiaux et étrangers au débat, doit être suivie : les frais en seront à la charge de l'imprudent; quelquefois il sera, en outre, passible de dommages-intérêts. Mais ces investigations au civil ne sont presque que l'exception : ordinairement, c'est au grand criminel que la question est résolue.

S'il y a un acte faux, il y a un faussaire : notre loi veut qu'il soit sévèrement puni. La cour d'assises devient la scène du débat et, alors, s'il y a un témoin suborné et un suborneur, ils sont l'un et l'autre dans une situation cruelle, ils subissent une épreuve terrible : ils vont, d'une part, s'efforcer de faire condamner un innocent, responsabilité morale devant laquelle on a vu reculer les plus pervertis, et, d'autre part, ils sont sous le coup de la peine des travaux forcés à temps ou même, quelquefois, d'une peine plus forte, s'ils viennent à être découverts. Or, il faut si peu de chose pour qu'ils le soient. On n'affronte guère de pareils dangers.

Avant que nos lois pénales fussent appliquées aux Arabes le crime de faux leur était inconnu : le calomniateur était punissable, le faussaire ne l'était pas ; la conscience morale de ce peuple ne lui avait pas dévoilé ce crime. Par conséquent faux témoignages et faux écrits étaient pour eux des ruses innocentes, que le cadi, jugeant au civil, était chargé de déjouer, à moins qu'il ne s'y associât, ce qui n'était pas sans exemple.

Cette facilité funeste et la duplicité naturelle à la race, *fides punica*, disaient les Romains, ont habitué les plaideurs à des allures étranges.

Supposez un débat judiciaire entre deux indigènes. Le cadi a rendu son jugement, appel en est interjeté, et, aux termes des lois actuelles, c'est, dans de certaines limites, au tribunal français de l'arrondissement d'en connaître; nos deux plaideurs y comparaissent donc. Celui qui a été condamné affirmera quatre fois sur cinq qu'il a été condamné à son insu, que le cadi ne l'a pas fait prévenir, que les énonciations toutes contraires, contenues dans le jugement, sont inexactes. Souvent, il ajoutera que ce cadi a reçu de l'argent de son adversaire. Si un écrit lui est opposé, deux fois sur quatre il dira qu'il est faux. Voilà, presque toujours, dans une seule affaire, un grand nombre de questions bien graves, soulevées avec une incroyable candeur : celui qui s'exprime ainsi est le plus souvent calomniateur, mais il paraît ne pas s'en douter.

Cependant l'instruction de l'affaire se poursuit. On aboutit très souvent à des enquêtes, des témoins vont être entendus. Chaque adversaire arrive avec ses amis, et voici que, sur les mêmes faits, on entend des dépositions diamétralement opposées ; chaque témoin soutenant, comme de juste, les allégations de celui qui l'a appelé. Nécessairement, soit dans un camp, soit dans l'autre, autant de témoins, autant de faux témoignages. Alors, autant de poursuites devant la cour d'assises devant entraîner la réclusion, art. 363 du Code pénal.

Les Arabes devraient pourtant bien connaître cet article ; quelques-uns en ont subi les prescriptions. Nonobstant ils paraissent l'ignorer complètement, ou, s'ils le connaissent, ils ne le comprennent pas, leur intelligence ne peut l'admettre. Comme, de père en fils, ils ont toujours fait ainsi, ils n'imaginent pas qu'il soit possible de changer leur habitude ; avec leur entêtement habituel, ils se refusent à croire que ce qu'ils ont regardé comme bien, soit cependant fort mal.

Aussi le faux témoin fait sa déposition avec toute l'énergie d'une bonne âme qui soutient un ami ; l'adversaire est un ennemi, il faut le combattre à outrance, avec toutes armes ; les plus déloyales sont de bonne guerre ; les employer n'est pas pécher, tenter de lui voler judiciairement son bien, c'est bonne œuvre.

On comprend que ces principes suivis chaque jour empêchent l'application de notre pénalité. Le Ministère public est démoralisé ; la fréquence du crime entrave son zèle pour la répression, il est réduit à tourner la tête avec dégoût. Comment, en effet, saisir dans chaque procès les éléments d'un crime? Est-il possible de poursuivre tout un peuple ?

Mais si le Ministère public est dans l'embarras, le juge l'est bien davantage : il ne peut s'abstenir comme son collègue du Parquet.

Son devoir est de juger, impossible de reculer, il faut juger quand même, sous peine de déni de justice, telle est la loi, *dura lex sed lex*. Cependant, où trouver, où saisir les éléments de décision. Voilà d'honnêtes plaideurs et de très sincères témoins qui se contredisent : l'un dit oui, l'autre dit non. Qui a raison ? Où est la vérité?

La pauvre vérité est introuvable, et celui qui rend la sentence, obligé de s'attacher à des considérations vaporeuses, à des inductions sans consistance, prononce avec la crainte de sanctionner l'injustice et de favoriser l'iniquité.

C'est ainsi que l'on voit, malgré la meilleure volonté du magistrat, des dettes mises à la charge de celui qui ne doit rien, des héritages distraits de leurs héritiers naturels, des propriétaires d'immeubles dépossédés, des mineurs et des femmes dépouillés.

Un tel usage de la preuve testimoniale est un malheur

public ; il atteste une immoralité profonde ; il est urgent que le législateur y remédie, c'est presque un devoir.

A la suite de ces observations sur la preuve testimoniale, notre Code civil s'occupe des hypothèques et de la transcription. Je n'ai rien à en dire, ayant précédemment expliqué que les Arabes ne se doutent même pas des principes de cette législation délicate, protectrice de la propriété et des transactions dont elle est l'objet.

Je ne parlerai non plus de la prescription qui termine le Code civil. Les musulmans prescrivent : l'idée ou le principe de la prescription étant invariable, il y a entre leur coutume et notre loi des analogies forcées. Il est naturel que je n'y voie, dès lors, rien qui soit digne d'être relevé.

Il ne me reste plus que quelques mots à ajouter pour expliquer comment et par qui tout ce droit indigène est appliqué.

§ 10

Cadis, Tribunaux d'appel, Procédure

Le lecteur a sans doute été surpris de l'insuffisance et des imperfections de la loi musulmane. Il doit convenir qu'il serait difficile de rien imaginer de plus hostile à toute civilisation.

Si, du moins, les Arabes avaient de bons juges, et si les affaires étaient préparées suivant les règles d'une heureuse procédure, le mal serait amoindri ; mais il en est tout autrement : l'administration de la justice est, chez eux, aussi déplorable dans son personnel que dans ses formes.

Depuis la conquête nous leur avons donné des juges d'appel ; mais avant, ils n'usaient que d'un seul degré de juridiction, c'était le tribunal du cadi.

Puis, comme si ce n'était pas déjà une assez grave

affaire que de bien rendre la justice, ils avaient chargé ce même cadi des fonctions de notaire. Nos législateurs les lui ayant laissées, il les exerce encore. Les musulmans ne se sont pas aperçus que revêtir un seul homme de cette double prérogative, c'était le soumettre à des tentations trop fortes : celles de défendre, comme juge, les actes rédigés dans son office de notaire, et de favoriser les clients qui se seraient montrés généreux. Si, à cela, vous ajoutez que ce magistrat, déjà dégagé du contrôle d'un tribunal supérieur, ou tribunal d'appel, n'était d'ailleurs soumis à aucune surveillance régulièrement exercée, vous comprendrez qu'il avait toutes les facilités pour faillir. Si la tradition est vraie, il en usait largement. Il arrivait quelquefois une chose facile à prévoir : c'est qu'un coup de fusil ou de pistolet mettait fin à des prévarications devenues insupportables. Quoique ce fut le seul châtiment que le mauvais juge eût à redouter, on ne peut nier qu'il était efficace ; mais la rareté de son emploi nuisait à son exemplarité.

Aujourd'hui la police française, plus redoutable que celle des Turcs, empêche ces attentats.

Cela démontre-t-il que les cadis soient meilleurs juges et notaires plus intègres qu'autrefois ? Assurément non. Et si la question m'était posée, je n'y voudrais répondre, parce qu'en définitive je n'en sais rien. Ce que je sais, c'est que les indigènes, qui ont leur opinion publique tout comme nous, en parlent avec un mépris qui dépasse toutes limites.

Jusqu'en 1859, l'appel contre les sentences des cadis ne fut recevable qu'au-dessus de quinze cents francs ; il devait être porté devant la cour impériale d'Alger. Mais les plaintes multipliées dont ces magistrats étaient l'objet ont amené, à la date du 31 décembre 1859, un premier décret qui abaisse à deux cents francs le chiffre de leur compétence en dernier ressort, et leur donne pour juges d'appel les tribunaux d'arrondissement. Plus tard le 13 décembre 1866, survint un nouveau décret qui est celui actuellement observé. Il modifie et complète celui de 1859, dont il conserve les bases. Le taux de la compétence en dernier ressort est le même, et les tribunaux d'arrondissement ont toujours juridiction au second degré. Depuis ces deux décrets les cadis sont donc surveillés de plus près et plus facilement par les procureurs de la République. S'ils commettent une faute grave, elle est plus souvent qu'autrefois connue, constatée et réprimée. Leurs justiciables n'ignorent rien de ces choses; malgré cela ils sont restés dans le discrédit, et les plaintes ne se sont pas ralenties.

Il ne se passe pas d'audience où les magistrats français n'entendent dire par les parties appelantes que leur cadi les a jugés avec *zour*, ce qui veut dire avec partialité ou injustice volontaire. Très souvent elles ne craignent pas d'ajouter qu'il s'est laissé corrompre, qu'il a reçu de l'argent.

A voir la fréquence de ces accusations, on comprend qu'elles ont pris racine dans les habitudes de leurs auteurs, et qu'elles sont dans leurs mœurs. On est assuré par là qu'elles sont souvent mensongères, mais il est fâcheux de reconnaître que parfois aussi elles sont fondées. Les procès criminels contre les cadis coupables sont nombreux en Algérie. Or songez combien d'injustices un magistrat peut consommer avant d'être poursuivi, et combien il est rare qu'il soit assez mal avisé pour laisser subsister la preuve de sa criminalité !

Les poursuites criminelles les plus nombreuses, dont les cadis ont été l'objet, sont survenues à l'occasion de leurs actes de notaire : la plupart des faits répressibles ont été qualifiés de faux en écriture authentique.

L'administration de l'Algérie a fait les plus grands efforts pour relever ces magistrats et les mettre à la hauteur de leurs fonctions. Mais il est facile de voir qu'elle n'y parviendra jamais. Est-il possible, en effet, de surmonter les obstacles opposés par une loi indécise, une ignorance profonde, un jugement oblitéré, une immoralité naturelle d'autant plus entraînante, que la science et la raison n'interviennent pas pour en modérer les écarts ?

D'ailleurs, je suis persuadé que, même en France, un juge qui joindrait à ses fonctions celles de notaire serait un très mauvais magistrat.

Les formes plus ou moins ingénieuses d'une procédure qui tend à circonscrire un débat et à lier le juge auraient été d'un grand secours aux cadis ; ils y auraient souvent trouvé un refuge contre de coupables suggestions. Mais il n'existe devant eux aucune espèce de procédure : rien ne les arrête. Je l'ai dit, la forme est aussi vicieuse, sinon plus, que le droit civil qu'il s'agit de suivre. Aucun écrit, en effet, ne constate l'introduction de la demande ; le défendeur est censé amené devant le juge, soit par le demandeur, soit par une espèce de recors, nommé *aounn*. Celui-ci emploie la force s'il le faut et s'il trouve le plaideur. Le jugement seul constate la présence des parties.

On voit de suite le vice de cette méthode. Les indigènes, avec leur parti pris d'accuser leurs cadis, ne manquent jamais de soutenir en appel qu'ils ont été condamnés en leur absence, et que le jugement qui affirme leur présence altère en cela la vérité. Chez nous, heureusement pour nos magistrats, de pareilles imputations sont impossibles. On sait assez que nos assignations enregistrées, le ministère des avoués et leurs conclusions aussi enregistrées, préservent de toute surprise. Si le jugement sortait des limites tracées par ces pièces écrites, il serait réformé sur appel ou anéanti en cassation.

Il est vrai que le cadi est toujours assisté d'un bach-adel et d'un adel, qui, tout en remplissant le rôle de greffiers, signent avec lui les jugements ; ils témoignent ainsi de leur sincérité. Il faut donc l'accord de ces trois personnes pour inscrire sur les minutes un jugement inique ou supposé. Mais aussi, c'est là la seule condition à remplir. Or, les Arabes ajoutent à leurs dénonciations journalières, contre leurs cadis, que si les deux subordonnés et témoins du magistrat démentent leurs assertions, c'est qu'ils s'entendent avec leur chef, ou qu'ils craignent de lui nuire.

Je dois observer, cependant, que le décret du 13 décembre 1866 a rendu de grands services à la cause de la justice; il a habitué les indigènes à compter sur des décisions impartiales. Aussi, malgré toutes les influences locales sur lesquelles peuvent s'appuyer les cadis, ennemis naturels de l'appel, le nombre de leurs jugements soumis au degré de juridiction supérieur augmente chaque jour. L'épreuve qui est faite depuis trois ans démontre, une fois de plus, que le besoin d'une bonne justice est très fortement éprouvé par tous les hommes. La différence de religion entre les juges et les justiciables ne gêne en rien ces derniers. Je crois même que tous les habitants de notre planète iraient demander au diable de les juger, s'il était capable d'être un bon juge.

Malheureusement, ce décret du 13 décembre 1866 s'est trop efforcé de respecter toutes les habitudes des indigènes, tout en prétendant les initier à une partie de nos procédés judiciaires. Il en est résulté un mélange bizarre des principes d'une civilisation avancée avec ceux d'un peuple à l'état d'enfance : cela ne pouvait conduire à un résultat satisfaisant.

Rien n'est plus simple que l'idée première de justice. Toute la théorie en est développée par Lafontaine, dans la fable de l'huître, le juge et les plaideurs : on va devant un arbitre quelconque qui vous écoute, ou est supposé vous écouter. Après que vous avez crié, soufflé, il rend une sentence qui termine votre différend. Cela ne coûte rien, à moins que le juge, de manière ou d'autre, ne trouve moyen, comme dans la fable, de se faire sa part. Mais les esprits étrangers à la pratique ne s'occupent pas de ce danger, ni de bien d'autres, qu'il serait trop long d'énumérer. Ils sont aussitôt séduits par la simplicité du système; ils ne voient que ces deux choses: une justice prompte et point de frais ; ils croient naïvement que cela doit marcher tout seul, ne se doutant pas que l'expérience a démontré qu'une bonne justice, offrant des garanties nécessaires et suffisantes aux plaideurs, leur coûte toujours quelque chose et leur prend plus ou moins de temps, selon la difficulté de réunir les preuves.

Précisément, pour avoir trop voulu cette prétendue justice prompte et sans frais, le décret du 13 décembre 1866 n'est qu'une loi de transition, destinée à une très courte existence. Il accorde aux justiciables indigènes de se présenter en appel devant les tribunaux français, sans débourser un rouge liard, pas même les droits de timbre et d'enregistrement. Mais s'ils ne paient pas, il faut que quelqu'un paie pour eux. Or, ceux qui paient ce sont des Français qui, à mon sens, valent infiniment mieux que les plaideurs musulmans. Ils n'y sont pas de leur argent, mais ils donnent de leur personne par le travail qui leur est imposé. Ces malheureux, ce sont tout simplement les juges du tribunal, le procureur de la République et le greffier.

Le procureur de la République remplit à l'égard de tout plaideur indigène des fonctions qui rappellent celles de l'huissier et de l'avoué. Toutes les convocations pour réunir les parties dans les moments opportuns sont faites par lui ; il étudie l'affaire, et il la transmet ensuite, avec ses réquisitions, à un juge désigné à l'avance par le tribunal. Ce second magistrat, nommé juge rapporteur à la chambre musulmane, continue le travail de l'avoué commencé par le parquet ; il examine le différend sous toutes ses faces, discute en lui-même les preuves que chaque partie peut utilement présenter, les leur indique, les leur demande, et adresse, si cela est nécessaire, des commissions rogatoires aux juges de paix du ressort, afin de procéder à certains actes de procédure, tels que des enquêtes, des descentes sur lieux, etc. Enfin, lorsque tous les éléments de décision ont été rassemblés, il présente l'affaire au tribunal réuni en chambre musulmane.

En ce qui concerne le greffier, tout ce qu'il fait en minute ne lui est pas payé. Mais ce qui lui prend le plus de temps, et de fatigue surtout, ce sont les allées et venues des Arabes qui, avec la persistance de l'ignorance, accompagnée d'une extrême méfiance, reviennent vingt fois s'enquérir de leurs moindres procès.

S'il fallait juger cette singulière procédure d'après nos principes européens, ne faudrait-il pas dire que le dévouement aux intérêts particuliers des Arabes a été poussé au delà de toutes les bornes, et que, pour leur être agréable, on en est arrivé à exploiter à leur profit les magistrats français et même l'état ? Chez tous les peuples, en matière civile, un juge n'a jamais eu d'autre fonction que de juger : c'est aux plaideurs à rassembler leurs preuves et à les fournir ; ils tiennent même à se conserver ce droit ; ils n'auraient sans cela aucune confiance dans l'initiative d'un juge, et ils auraient raison.

Et, ensuite, qui pourrait dire de combien la dignité de la fonction serait amoindrie, si les magistrats devaient se substituer aux parties ?

A quel titre, enfin, peut-on exiger des magistrats algériens le zèle nécessaire pour mener rapidement ces sortes d'affaires ? Ils savent que les plaideurs se reposent pendant qu'ils travaillent pour eux. Cette considération fait presque disparaître l'intérêt social. Il est vivant, au contraire, lorsque des citoyens, dont les moments sont précieux, ont préparé, à force d'argent et de temps, la décision d'un procès. Toute lenteur serait alors regrettable, le magistrat le sait bien, et il s'efforce toujours d'accélérer la décision.

Je ne crains pas de dire que les magistrats d'Algérie

appliquent ce décret avec une extrême répugnance. Il leur pèse aujourd'hui surtout qu'ils ne voient pas la nécessité d'avoir des lois différentes pour les indigènes et pour les Français. D'un autre côté, si les appels interjetés par les Arabes continuent à augmenter comme cela arrive dans certains tribunaux, il viendra un moment où ils absorberont procureurs de la République, juges et greffiers.

Et comment avec notre décret ces appels ne deviendraient-ils pas chaque jour plus nombreux? Ne voit-on pas qu'il sollicite les plaideurs avec une efficacité dangereuse, en offrant à celui qui a perdu son procès en première instance la faculté de se faire juger à nouveau, sans qu'il lui en coûte rien?

Toutefois, ce décret qui vise si fortement à ménager la bourse des indigènes n'atteint pas toujours son but. En effet, il a permis à tout plaideur mécontent d'une première décision d'amener, avant d'aller en appel, son adversaire devant une assemblée ou conseil intermédiaire appelé Midjélès consultatif.

Ce conseil est formé du cadi qui a rendu le jugement, du cadi du chef-lieu d'arrondissement et d'un autre du cadi du ressort, désigné chaque année. En tout, trois magistrats musulmans. Ils ont pour mission de discuter la sentence attaquée et de donner sur icelle un avis motivé auquel le cadi, juge naturel des parties, reste libre d'adhérer. Il est clair qu'il n'est appelé à faire usage de cette liberté que lorsqu'une opinion contraire à la sienne vient à prévaloir. Or, la discussion et l'avis motivé qui la suit ne coûtent rien par eux-mêmes; mais ce qui vient souvent écraser le plaideur, ce sont les frais de transport des deux magistrats, qui se rendent au chef-lieu d'arrondissement. Un interprète attaché à un tribunal me disait que très souvent, dans sa province, cette dépense dépassait quarante francs.

Cependant le premier juge ne revient presque jamais

sur le jugement qu'il a d'abord prononcé ; on ne voit pas une fois sur cinq qu'il soit convaincu par les dissertations plus ou moins savantes de ses deux collègues. Il en résulte que le plaideur mécontent n'en sera pas moins conduit, s'il s'entête, à porter son affaire à l'appel : il aura donc perdu son temps et son argent.

Il en sera encore de même si on suppose le cas contraire, celui où le cadi adopte la nouvelle solution proposée. Ce sera alors le plaideur ayant obtenu gain de cause au début qui sera entraîné à interjeter appel. Les débours exposés devant le Midjélès n'auront encore produit aucun résultat.

Je ne parle pas du temps que les indigènes auront perdu. Ils n'en sont pas avares, il est vrai ; nul ne connaît mieux qu'eux l'art de le gaspiller ; cependant à l'époque des labours et de la moisson, ils en sentent le prix ; ils en craignent, à ce moment, le mauvais emploi.

L'idée de ce Midjélès a donc été malheureuse : elle a été vivement attaquée par tous les juristes, et, en vérité, la critique avait dix fois raison.

Cette idée s'est produite sous l'impulsion de l'autorité militaire qui affiche, toujours et partout, le désir de ménager la susceptibilité des Arabes. Mais ce prétexte invoqué dans un pareil détail n'était rien moins que puéril : on l'appréciera bientôt, lorsque nous constaterons toutes les atteintes portées par l'administration militaire elle-même à leurs préjugés.

Le même désir d'être agréable aux indigènes, et de ne pas émouvoir leur sensibilité supposée, a conduit les auteurs de notre décret à une disposition peut-être encore plus singulière. Il y est édicté que tous les tribunaux qui auront à juger, sur appel, des procès où des questions d'état civil seront engagées, devront en référer à un conseil supérieur composé de cinq jurisconsultes musulmans, siégeant à Alger ; que ce conseil donnera son avis motivé, et que les juges français rendront un jugement qui sera, sur la question d'état, la copie pure et simple de cet avis, motifs et dispositif.

Si le Midjélès consultatif a été vivement critiqué, voici un conseil supérieur qui l'a été bien davantage.

Imaginez-vous le plaisir que font à d'anciens magistrats français ces cinq jurisconsultes musulmans, plus ou moins instruits, appelés à leur faire la leçon ? Voilà des vieux barbons ramenés à l'état d'écoliers : j'en ai entendu dire qu'il ne restait plus qu'à leur mettre des lisières.

Si encore il y avait au fond de cette prescription un profit quelconque, on la comprendrait peut-être. Mais les musulmans, dont on prétend préserver la délicatesse, sont tous, ou presque tous, insciens de la mesure, lorsqu'elle est prise en exécution du texte. Pour eux, c'est tout un ou tout autre : ou ils sont jugés par des magistrats français, ou ils ne le sont pas. Quant à l'office du conseil supérieur et à cette particularité légale qu'on appelle une question d'état, ils n'y songent guère. Interpellez, en effet, un bon bédouin du menu peuple, un de ceux qui rient lorsque vous lui demandez quel est son âge, et dites lui : « Mon ami, votre procès renferme une question d'état : vous savez ce que c'est qu'une question d'état ? » et vous verrez s'il ouvrira de grands yeux !

D'ailleurs est-on seulement assuré que chacun des cinq professeurs du conseil supérieur musulman serait en état de répondre à cette demande ? Je n'en soutiendrais pas la gageure.

Il est facile de comprendre qu'une disposition de cette nature n'est pas observée. La plupart des tribunaux prennent sur eux de décider même les questions d'état, qui sont, du reste, fort rares. La fonction de membre du conseil supérieur devient une sinécure.

Or, chaque conseiller reçoit 5,000 francs par an : voilà donc 25,000 francs dont on pourrait faire un meilleur usage.

A part ces deux points critiquables, le décret du 13 décembre 1865, pris dans son ensemble, a rendu, comme nous l'avons dit, un grand service ; il a démontré que les Arabes n'éprouvent aucune espèce d'aversion pour nos juridictions. Quant à nous, bien avant la promulgation de ce décret, nous tenions cela pour certain ; mais il y avait beaucoup d'incrédules, il importait de les convaincre.

Aujourd'hui, c'est chose faite. Le décret a produit tout l'effet qu'on en pouvait attendre ; il n'y a plus qu'à le supprimer. Avec une plus grande extension des affaires son application deviendra impossible. En outre du temps considérable qu'il enlève fort mal à propos à nos magistrats d'Algérie, déjà plus chargés qu'en France, il présente dans la pratique, le vice des autres institutions aidant, des inconvénients irrémédiables.

Ainsi, les cadis étant la seule autorité judiciaire des territoires militaires, ce sont eux qui sont chargés de l'exécution des jugements rendus par les tribunaux d'appel. Déjà, on est frappé du danger de charger des fonctionnaires d'un naturel très indocile de faire respecter et exécuter les décisions d'une juridiction qui leur est désagréable. D'un autre côté nous pouvons dire, sauf à y revenir plus tard, que le cadi est obligé d'avoir recours au caïd pour soumettre les plaideurs qui résistent à ses propres jugements. Il en résulte qu'un malheureux juge, qui ne peut répondre de la suite de ses sentences, est appelé à faire exécuter celles des autres : cela n'est pas encourageant pour ces derniers.

La comparution des parties cause aussi de nombreuses difficultés. Le Procureur de la République, se conformant au décret, fait les convocations ; mais elles sont transmises aux parties par l'intermédiaire du bureau arabe. Des cavaliers plus ou moins zélés et intelligents, mais nullement responsables, portent, ou ne portent pas, les lettres à leur destination. Ce qui est certain, c'est que sur dix convocations il y en a quelquefois cinq qui ont été vainement écrites : l'indigène ne comparaît pas, le but n'a pas été atteint. Malgré que le décret permette de juger sans plus de formalités, un magistrat consciencieux désire entendre les deux parties adverses. De nouvelles lettres de convocation sont alors demandées au parquet, qui ne les refuse jamais. Mais quelle ridicule besogne, que celle de juges qui sont obligés de courir après les plaideurs !

Les motifs de suppression du décret que nous discutons ne manquent donc pas. Reste à dire ce qui doit le remplacer : ce sujet sera traité dans les chapitres qui suivent.

§ 11

Conclusion du présent chapitre

Nous arrêtons ici ces données générales. Nous aurions pu les produire avec beaucoup plus de développements; mais ceux de nos lecteurs qui, par moments, auront éprouvé quelque difficulté à saisir ces notions juridiques à première lecture, en apprécieront d'autant mieux, maintenant, ce que nous avons dit en commençant, à savoir : que des investigations plus approfondies auraient conduit à des détails inutiles et même insipides.

Les principes généraux que nous avons exposés parlent d'eux-mêmes. On en déduit, à l'avance, la plupart des réformes que nous allons étudier. Déjà nous avons les bases principales; nous les complèterons au fur et à mesure que le besoin de la discussion le fera sentir.

CHAPITRE III

PROPRIÉTÉ INDIVIDUELLE ET SÉNATUS-CONSULTE DES 22 AVRIL ET 8 MAI 1863. — RÉFORMES PRINCIPALES

§ 1er

Comment l'Administration militaire ne possède plus, ou peu s'en faut, des terres à livrer à la colonisation

Il n'est pas difficile de dire à la métropole le moyen de peupler l'Algérie. Tous ceux qui ont l'habitude et l'intelligence des affaires le savent ici, depuis longtemps, depuis des années. L'administration militaire le savait aussi bien qu'eux, mais elle s'obstina à l'éluder ; caressant toujours le rêve d'un royaume arabe, elle resta sourde aux vœux des colons. Cette inspiration funeste, dans laquelle elle persévéra malgré le mécontentement de l'opinion publique, et je dirai presque la colère céleste manifestée par mainte calamité, a causé depuis vingt-cinq ans à la France un immense et irréparable préjudice.

Nous parlerons, en leur lieu, des réformes intéressant les Arabes, et auxquelles le chapitre précédent nous a préparés.

Nous occupant d'abord de ce qui concerne la colonie en général, nous signalons que la plus urgente des améliorations auxquelles elle aspire est celle que la Mère-Patrie s'est octroyée en 1793 : c'est la propriété individuelle partout, et régie par de bonnes lois.

Or, en fait de lois, nous n'en voulons pas d'autres que celle de la France, nous n'en connaissons pas de meilleures ; que la propriété individuelle nous soit donc accordée, qu'elle soit placée sous l'empire de la loi française, et nous serons heureux.

Mais nous ne cesserons d'être désolés et l'Algérie restera déserte, tant qu'une administration quelle qu'elle soit, militaire ou civile, laissera se perpétuer le régime odieux et insupportable qui régit la propriété.

Ce régime, je l'ai décrit à la section 6 du chapitre qui précède, avec tous les développements nécessaires : je n'ai donc pas à y revenir ; mais je dois insister sur sa conséquence la plus funeste : celle de s'opposer à l'extension de la population française, en lui interdisant toute transaction immobilière en territoire militaire.

En définitive, quoi donc s'oppose à ce que la petite société européenne déjà formée s'étende, si ce n'est le manque de terre ?

Est-elle sous l'empire de lois mauvaises ? Non certes. Elle est soumise à la même législation civile que la métropole pour ses personnes et ses biens. Dans les communes elle administre elle-même ses revenus, élisant le maire et les conseillers municipaux. Elle va pouvoir élire les conseillers généraux qui contrôlent et indiquent l'emploi des fonds du département. D'ailleurs, elle n'a pas eu à se plaindre jusqu'ici de l'usage des revenus publics : les grands travaux d'utilité générale ont été partout entrepris sur une si grande échelle, que l'impôt de toute l'Algérie y fut souvent absorbé. Elle profite d'immunités nombreuses énumérées devant le Sénat, à la séance du 21 janvier 1870, par M. le Gouverneur Général. Elle est donc dans la condition la plus avantageuse. Pour tout résumer en peu de mots, je dirai qu'elle est régie par le droit commun de la Mère-Patrie, avec suppression d'une multitude de charges.

Or, il n'est pas douteux que les lois françaises soient

excellentes : la preuve en est fournie par la population considérable dont elles ont favorisé en France le développement ; elles doivent donc conduire au même résultat en Algérie.

C'est, en effet, ce qui est arrivé ; déjà, si nous comparons le territoire civil à certains départements de la France d'égale grandeur, nous le trouvons plus peuplé, et, qui plus est, ses habitants sont dans l'aisance.

Cependant ils se plaignent, ils se disent misérables !

Ils le sont, en effet, parce qu'ils ne peuvent marcher vers le but qui leur est indiqué par la Providence : conviés par elle à peupler un grand pays, ils ne peuvent sortir des étroites limites qui leur ont été tracées. De tous côtés, autour d'eux, des terres immenses et cultivables sont désertes, et ils ne peuvent y toucher. N'est-ce pas éprouver sous une forme nouvelle le supplice de Tantale ?

Souvent au sein de l'abondance les âmes restent troublées : supposez-les en proie à des appréhensions d'avenir, ou attristées par le regret de ne pouvoir remplir une grande, belle et noble mission, et leurs autres avantages n'ont plus de prix.

Eh bien ! les Algériens en sont là ! Ils ont tout, excepté la possibilité de se servir de la terre qui est à leur portée ; en leur refusant ce bien on les prive de ce qui leur est indispensable pour assurer leur existence dans l'avenir. Sans elle, ne pouvant croître en nombre, ils seront toujours à la merci d'un événement fortuit, qui mettrait les indigènes en mesure de les expulser ; sans elle, défense leur sera toujours faite de civiliser la contrée, d'y former une annexe riche et puissante de la métropole, capable de remplir un rôle et de prendre sa part dans une commune destinée.

Mais y a-t-il aujourd'hui deux manières de mettre la terre sous la main des colons ? Non, nous allons voir qu'il n'y en a qu'une, et que c'est la propriété individuelle, l'administration militaire ayant disposé de la presque totalité du sol.

Il y a douze ans, il fut question d'une opération tout-à-fait équitable et très favorable aux intérêts français. On parlait de cantonner les Arabes. Cette expression était employée pour désigner la remise à chaque indigène d'un lot de terre proportionné à ses besoins ; il l'aurait reçu en qualité de propriétaire, avec un titre régulier. Ce qui n'aurait pas été absorbé par cette opération serait tombé dans le domaine public, et aurait été par conséquent affecté à la colonisation.

Tout en se plaçant à un point de vue très large en faveur des indigènes, plus de dix millions d'hectares seraient restés libres. On en aurait obtenu la plus grande partie en réduisant les espaces beaucoup trop considérables que les Arabes emploient, ou, plutôt, sont censés employer, à la vaine pâture.

Les Algériens étaient grands partisans de cette mesure et on ne saurait les en blâmer. Ils disaient : nous formons déjà un petit peuple de gens laborieux, ayant de bons bras, Français en majeure partie ; vous avez des terres désertes ou négligées par ceux qui les détiennent, vous voyez qu'ils n'en retirent aucun profit, donnez-nous les.

A ce moment on les écoutait. Le prince Napoléon Jérôme, nommé Ministre de l'Algérie, était animé du plus vif désir de faire prospérer la colonisation : son intention de faire procéder le plus tôt possible au cantonnement était connue de tous.

Mais bientôt on s'aperçut que son initiative était entravée : si puissant qu'il fût, il ne l'était pas assez pour dominer la situation ; le parti des bureaux arabes, représenté, à Paris, par un grand nombre d'officiers supérieurs, défendu, en Algérie, par les officiers de tous grades employés à l'administration, était hostile au cantonnement. Le prince ne put l'accomplir ; il se retira très probablement fort dégoûté de toute immixtion dans les affaires de la malheureuse Algérie.

Désormais toute puissante, l'administration militaire répondit à la tentative du cantonnement par le Sénatus-Consulte des 22 avril et 8 mai 1863. Cet acte législatif donna pour jamais aux Arabes toute la terre comprise dans les anciennes limites des tribus. Quand nous disons *donna à jamais*, nous devrions dire *voulut donner*, car on sait qu'une loi quelle qu'elle soit, et surtout une loi imposée par un parti, est toujours révocable, tout au moins modifiable par une loi nouvelle. Nous allons voir ici qu'une modification est non seulement possible, mais même indispensable.

Voici, en effet, le texte de l'art. 1er du Sénatus-Consulte : « Les tribus de l'Algérie sont déclarées propriétaires des territoires dont elles ont la jouissance permanente et traditionnelle, à quelque titre que ce soit. »

On a observé que ce texte, à force d'être général, a consommé une flagrante iniquité. Ces territoires dont les tribus ont la jouissance permanente ne sont pas réellement occupés par elles ; dans certaines parties cette jouissance n'est que fictive, c'est un droit qui n'est pas exercé, parce qu'il ne peut pas l'être ; autant dire alors qu'il n'existe pas. Il y a des espaces considérables qui sont restés déserts par un effet de l'appauvrissement de la race. Dans ces endroits on n'aperçoit jamais le sillon d'une charrue, et il n'y a que les bêtes sauvages qui les parcourent et y paissent. Il en est qui ne sont en cet état que depuis peu, mais combien y en a-t-il que de mémoire d'homme on n'a jamais vus autrement ?

Pourquoi alors les donner aux Arabes ?

Ces terres représentent entre deux et trois millions d'hectares.

Grâce au Sénatus-Consulte la colonie européenne en a été d'un seul coup appauvrie. Elle regrettera toujours le gaspillage de cette richesse, et toujours elle demandera qu'on y revienne.

Les colons, qui se croient avec raison substitués aux droits de la Mère-Patrie, se considèrent comme dépouillés de ces biens ; il n'est belle parole qui puisse adoucir leur peine, et les empêcher d'accuser douloureusement le Sénatus-Consulte de 1863.

A la rigueur, disent-ils, on aurait pu soutenir que cette loi était juste, si elle s'était contentée de dire : « Je donne « aux indigènes toutes les terres qu'ils occupent réelle- « ment, soit qu'ils les cultivent, soit qu'ils y paissent « leurs bestiaux. » Mais lorsqu'elle a dit : « Je donne aux « tribus tous les espaces qu'ils considéraient autrefois « comme leurs limites, sans distinction des parties inha- « bitées, » elle a sacrifié le domaine de la Patrie.

Il semble, en effet, que ce règlement terrien, provoqué par l'administration militaire, et dont tout l'honneur lui revient, n'a eu d'autre but que de frapper le colon et d'arrêter l'extension de son œuvre patiente et féconde. Cet empressement excessif à tout donner aux indigènes ne peut se motiver par aucune considération basée sur la justice et l'humanité : ici, les théories de ce genre, chaudement invoquées depuis plusieurs années en faveur des Arabes, par des soldats devenus tout à coup sensibles et tendres, leur font complètement défaut.

En droit, un bien abandonné revient à l'État. Rien n'est d'ailleurs plus conforme à l'équité : c'est le principe des successions en déshérence. Nous le répétons, pourquoi et à quel titre, alors, donner aux indigènes d'aujourd'hui ce que leurs ancêtres ont délaissé depuis des siècles, et ce qu'eux-mêmes ils n'ont jamais songé à reprendre ? Pouvait-on seulement concevoir l'espérance qu'ils en tireraient parti ? Il était évident que non. Le passé répondait de l'avenir. Ces prévisions n'ont été que trop justifiées : depuis sept ans le désert élargit ses limites.

Puis, en supposant que les Arabes eussent été en mesure de répondre à la confiance qui leur était montrée, qu'ils eussent même sollicité ces terres, quel eût été l'état des choses? On aurait eu deux concurrents : l'un Français, l'autre Arabe. Eût-il été d'une politique sage et patriotique de préférer ce dernier? Devait-on oublier que tant que l'isolement des indigènes favorisera leur union ils seront nos ennemis?

Je sais qu'on peut controverser sur l'étendue des terres dont je viens de parler; mais ce n'est pas cinq cent mille hectares de plus ou de moins qui peuvent modifier le raisonnement. Ce qui est certain, c'est que ces espaces délaissés comprennent, dans le Tell et le Sahara pris ensemble, plus de deux millions d'hectares : pour s'en convaincre, on n'a qu'à comparer le petit nombre des indigènes à l'immensité du territoire militaire.

Ce fut donc une grande faute de donner sans distinction toute la terre des anciennes tribus aux Arabes. Aussi, avons nous l'espérance et même la conviction que, dès que les bureaux arabes auront été remplacés par nos administrations civiles, on y remédiera.

Ces deux millions d'hectares seraient d'un grand secours à la colonisation; mais ils ne pourraient cependant lui suffire. On n'aurait, en définitive, que deux millions d'hectares de plus, dans une contrée qui en contient trente millions.

Or, n'oublions pas que nous voulons démontrer que la propriété individuelle peut seule conduire à la colonisation du pays. Puisque nos administrateurs ont déjà sacrifié volontairement ces deux millions d'hectares, il nous faut voir ce qu'ils ont conservé à leurs compatriotes.

Cela conduit à constater qu'au milieu même des tribus il y a des terres qu'elles cultivent et dont elles n'ont pas la jouissance dans le sens du Sénatus-Consulte. Elles n'en sont que locataires, tandis que le Sénatus-Consulte veut parler d'une espèce d'usufruit. Si elles ne sont que locataires, il y a donc un propriétaire ; et, en effet, il y en a un : c'est l'État substitué au Dey d'Alger.

Celui-ci avait la propriété et la jouissance parfaitement reconnue et établie d'un grand nombre de terres nommées *azels ;* le gouvernement Français ayant succédé à ses droits, les a recueillies ; elles sont restées dans le domaine de l'Etat. En conséquence, l'administration de l'enregistrement et des domaines en a pris charge : elle les revendique aujourd'hui par ses agents au sein des commissions formées pour délimiter les tribus : c'est là, comme terres libres, la seule espérance de la colonisation. Si donc l'administration militaire s'est montrée généreuse à l'égard des Arabes, c'est sans doute qu'elle se connaissait de ce côté des ressources considérables, suffisantes pour l'exécution de cette belle et grande entreprise, qu'on appelle Colonisation. Il importe alors de les connaître.

Le discours prononcé devant le Sénat le 21 janvier 1870, par M. le Gouverneur Général, va nous renseigner à ce sujet. Il annonce cinq cent mille hectares. En même temps, il explique qu'ils ne sont pas aujourd'hui entièrement déterminés, ni par conséquent disponibles ; qu'ils ne le seront que lorsque les tribus auront été délimitées.

Mais cette délimitation ne sera terminée que dans quinze ans, s'il est vrai, comme je l'ai lu dans mainte feuille périodique, qu'il y ait douze cents tribus en Algérie. Cette conclusion paraît résulter de ce même discours : on y voit qu'au 1er octobre 1869, la délimitation avait été faite pour deux cent quatre-vingt-quinze tribus ; or, cette partie du travail ayant pris six ans, le moins que l'on puisse compter pour ce qui reste, en tenant compte de l'expérience des commissions, est donc quinze ans.

Du reste, cela n'est au fond que de peu d'importance. J'admets que ces cinq cent mille hectares soient aujourd'hui libres entre les mains de l'Etat, et prêts à être livrés aux colons. Je ne prétendrai pas que l'avantage qui en sortirait fut inappréciable ; mais je dis que cela n'est qu'une misère, un enfantillage, un rien, auprès de ce qu'il est opportun, utile, nécessaire et urgent de livrer aux cultivateurs. Je ne crains pas d'affirmer que la population de l'Algérie dépassera un jour de beaucoup douze millions d'âmes. Or, cinq cent mille hectares sont-ils la base, le fond sur lequel prétend se développer un tel peuple ? Est-ce l'assiette qui puisse convenir à la souche de cette seconde France ? Les colons s'en contenteront-ils, alors que l'espace est partout, excepté là où sont les Français ? Non certes, ils ne s'en contenteront pas ! De pareilles offres leur paraissent dérisoires ! Ils ne peuvent croire que la France les ait prises, ou les prenne au sérieux !

Lorsque l'on songe, aussi, que c'est avec de telles surfaces que l'administration militaire s'adresse à l'émigration, on est étonné de ses illusions. On ne peut s'empêcher de sourire, en la voyant supputer si un courant d'Irlandais ne serait pas plus favorable qu'une invasion d'Allemands ou d'Espagnols. Et grand Dieu ! où logerait-on toutes ces bonnes gens, si elles avaient le malheur d'accourir, attirées par ce vain langage ? On parle, pour le moment, de trois ou quatre villages : lors même que chacun pourrait contenir trois cents feux, ce qui est loin d'être, on parviendrait à abriter un millier de familles : mais les autres, où les placerait-on ? Ne sait-on pas qu'une véritable émigration fait descendre sur les rivages d'un pays de colonisation, non pas mille, mais dix et vingt fois ce nombre de familles émigrantes ? Si on a l'imprudence de les appeler, sans avoir place suffisante pour les recevoir, on a le remords de voir la misère les détruire. Par respect pour la France, n'interrogeons pas le passé de l'Algérie, ne rappelons pas de douloureux souvenirs !

D'ailleurs, il faut bien le dire, les colons ne considèrent pas cet appel à l'étranger comme sérieux. Ils prétendent que ce n'est que langage d'apparat, jeu de grosse caisse et mise en scène, pour rassurer en France, une opinion publique inquiète, et désireuse de voir la colonisation s'accomplir avec plus de rapidité.

Ils ajoutent, qu'il n'est pas nécessaire de s'adresser aux voisins pour peupler l'Algérie, qu'ils s'en chargeront bien eux-mêmes, et que ce serait aujourd'hui chose faite, si c'eût été le bon plaisir de l'administration militaire de leur accorder ce qu'ils sollicitaient.

Je sais, pour mon compte, qu'ils ne se vantent pas d'une action dont ils soient incapables ; ils en ont fourni la preuve, non pas aujourd'hui, mais il y a douze ans, alors qu'ils étaient beaucoup moins nombreux.

A cette époque l'administration militaire avait adopté un système de colonisation qu'elle rejeta d'une manière absolue, lorsque se produisit l'idée du cantonnement. Il consistait à abandonner de temps en temps aux colons quelques bribes de terres appelées concessions. Celui qui aspirait à devenir concessionnaire devait d'abord prouver qu'il était possesseur du capital nécessaire et suffisant pour commencer une exploitation agricole. Pour cela, il se présentait devant le juge de paix de sa localité, avec trois ou quatre témoins, qui, après serment prêté, donnaient des renseignements sur l'état de sa fortune. Il était dressé acte enregistré et sur timbre de cette comparution, de son but et de ses résultats. Cette pièce s'appelait acte de notoriété. Dès qu'elle avait été régulièrement établie, le colon pouvait adresser sa demande écrite au fonctionnaire chef de l'administration du cercle où était le labourage convoité. Inutile de dire que cet administrateur était toujours un officier, dont le grade était d'autant plus élevé que le cercle était plus important.

Or, en ce temps là, temps heureux par rapport à celui qui allait suivre, les colons manifestaient leur ardeur pour la colonisation par leurs demandes de concessions nombreuses, persistantes, réitérées : elles pleuvaient dans les bureaux de l'administration dru comme grêle ; il s'en fallait qu'elle fût en état d'y donner satisfaction, disons mieux, elle ne le voulait pas. Pour chaque morceau de terre, fût-il inoccupé, elle avait toujours un petit motif pour éconduire les solliciteurs et repousser leurs prières. Quelquefois, suivant l'état et la position de fortune des individus, elle ne prenait pas la peine de répondre : c'était plus simple.

Elle s'était posé pour règle de tracer autour d'un point nommé centre, avec l'extrémité arbitraire et variable d'un rayon de quelques kilomètres, une ligne rigide et inextensible qu'elle appelait : limite du territoire civil ; c'était une manière de dire : la colonisation n'ira pas plus loin. Au-dedans, la terre était bientôt partagée et concédée, fût-elle mauvaise ; mais au dehors, fût-elle excellente et déserte, défense à quiconque d'y toucher. En fait, ces ingénieux tracés ont résisté à toutes les épreuves ; protégés par leurs auteurs, ils ont repoussé tous les assauts. Les villages créés il y a douze ans ne les ont pas franchis. Aujourd'hui comme hier, le villageois désespéré use sa force et son courage dans la contemplation de ces murailles, qui, pour être fictives, n'en sont pas moins solides, inébranlables et plus redoutables cent fois que le fameux rempart des Chinois.

Les grandes villes comme Paris ont le droit d'agrandir leur enceinte, mais les petits villages de l'Algérie n'ont pas celui d'étendre leurs cultures. Cette faculté étant une des conditions de leur prospérité, il leur est donc interdit de prospérer. Cette différence est assez dans la nature des choses : les forts eurent toujours, en ce monde, plus d'immunités que les faibles.

Cependant les colons qui s'efforçaient d'obtenir des concessions n'étaient pas rebutés par l'insuccès de leurs démarches. Pour tout le monde, et surtout pour le cultivateur, un champ c'est du pain ; la terre est toujours et partout la mère-nourricière ; elle remplit son office en Algérie comme en France.

Avec les années le nombre des demandes devait devenir formidable : à un moment donné, si les chiffres en avaient été relevés, ils auraient peut-être causé de l'embarras à l'administration. Elle prit la résolution énergique de les faire cesser.

On critiquait fort certaines charges inutilement imposées aux concessionnaires. Au lieu de les y soustraire ou d'en adoucir la rigueur, elle en prit occasion pour provoquer, en juillet 1860, un décret, qui, abolissant en principe le système des concessions, ordonna qu'à l'avenir les terres appartenant à l'Etat seraient vendues aux enchères. L'administration eut alors la meilleure raison pour interdire partout les concessions : elle s'appuya sur un texte ayant force de loi. A partir de cette époque personne n'en obtint, et le colon soumis, malgré lui, à la force majeure, cessa de s'agiter.

L'invention de cette loi fut très habile. Outre qu'elle mettait un terme aux intrigues et aux plaintes des colons, surexcités par la possibilité et par conséquent l'espérance d'obtenir telle ou telle propriété, elle dégageait l'autorité locale souvent fort embarrassée, et qui, cédant parfois aux surprises et aux entraînements, laissait fléchir la sévérité du principe : à tout moment assaillie, soit par des personnages influents, soit par ses propres amis, il était impossible que de temps en temps elle ne laissât point échapper quelque morceau de cette terre si précieuse et si soigneusement conservée. Quelques années encore, et le colon aurait défoncé avec sa charrue, ce terrible trait circulaire dans lequel il était enfermé. Avec le système des ventes ce danger n'était plus à craindre : l'administration prenait ses coudées franches et devenait maîtresse absolue du mouvement. Libre à elle de circonscrire tant qu'il lui plairait le colon dans ses îles ; elle n'avait plus, pour cela, qu'à rester immobile, qu'à opposer une force d'inertie d'autant plus insurmontable, qu'elle ne pouvait être vaincue qu'en abordant les plus hautes sphères gouvernementales. Dorénavant il ne fallait rien moins qu'un décret pour ordonner la mise en vente d'étendues devant toujours être considérables : il n'était pas permis de supposer que l'administration s'amuserait à n'allotir à la fois qu'un petit nombre d'hectares.

Elle fût tellement satisfaite de l'essai de ce procédé, qu'en décembre 1854, elle se fit défendre de la manière la plus formelle, par un nouveau décret, d'accorder aucune concession à qui que ce fût.

Heureusement, avant l'apparition de ces obstacles et défenses, les colons avaient eu le temps de donner la mesure de leur activité, et de prouver leur vaillance. Un mien ami, juge de paix en 1859 d'un petit centre de population de deux mille âmes, parmi lesquelles on comptait quatre cents indigènes, me racontait que son greffier avait reçu près de trois cents actes de notoriété, qui n'avaient abouti pour ceux qui les avaient fait dresser, qu'à leur faire perdre du temps et quelque peu d'argent. Toutes les personnes notables ou aisées de sa localité, agriculteurs, commerçants ou employés de l'état, avaient formé leurs demandes de concessions ; tous avaient des parents ou des amis en France, qui n'attendaient que l'heureuse issue de leurs démarches, pour venir cultiver avec eux, ou pour eux, les propriétés obtenues.

Or, ce qui se passait dans ce petit village se reproduisait partout où des Européens étaient agglomérés, villes, villages ou hameaux. Je suis persuadé que s'il était permis à des personnes désintéressées de relever, soit dans les bureaux de l'enregistrement, soit dans les justices de paix, sur les répertoires des greffiers, le nombre des actes de notoriété, on le trouverait supérieur à deux mille. Ce chiffre minimum ressort de la proportion facile à établir entre les seize cents Européens du village dont je viens de parler, et les cent cinquante mille autres qui vivaient alors en Algérie.

Supposons un instant que la moitié de ces solliciteurs ait été écoutée, et qu'on n'eût pas cessé d'être favorable, dans le même rapport, à ceux qui se seraient présentés dans la suite. Chaque année leur nombre se serait considérablement augmenté, et aurait presque formé une progression géométrique. N'est-il pas évident alors qu'ils auraient depuis longtemps couvert de leurs cultures toute la partie du territoire de l'Algérie, dont il leur était naturel et légitime d'espérer la possession !

En outre des vieux arguments tirés des principes d'humanité, dont nous avons fait bon droit, on a prétendu justifier l'attribution de tout l'ancien territoire des tribus aux indigènes, en disant qu'il fallait les conserver afin que leur main-d'œuvre fût toujours à la disposition des Européens. N'était-ce pas, en vérité, un singulier moyen de réserver des bras aux colons, que de les empêcher de se servir des leurs ? Inutile d'ajouter aussi que dans toutes ces questions, même dans celle du cantonnement, jamais l'existence des Arabes ne fut en jeu.

Voilà, enfin, des faits qui nous paraissent avoir démontré, jusqu'à la dernière évidence, que les colons n'ont, comme ils l'affirment, besoin de personne pour les aider à remplir leur rôle de colonisateurs.

Et, en ce qui concerne les Français, comment pourrait-il en être autrement ? S'ils étaient incapables de ce dont ils se vantent, il faudrait admettre que nous sommes de race inférieure aux Anglo-Saxons. La colonisation d'un pays n'est, en effet, que la résultante d'une multitude d'efforts individuels : puisque les Anglo-Saxons ont partout colonisé avec succès, ce serait donc une preuve qu'un individu en France ne vaut pas un individu pris en Angleterre ; mais cela n'est pas ; la vie des deux peuples démontre le contraire : nous avons eu autant, sinon plus de succès qu'eux dans tous les genres. Aujourd'hui même, ils reconnaissent un fait dont la conséquence rejaillit sur tout un peuple : c'est que nos ouvriers sont plus adroits et ont une touche plus délicate que les leurs.

Il est donc clair que si nous n'avons pas montré la même aptitude colonisatrice, c'est que les efforts individuels ont toujours été entravés chez nous par une direction supérieure inintelligente, despotique, tracassière, et n'écoutant jamais les vœux des véritables intéressés, toujours prévoyants dans leurs affaires, je veux dire des colons.

La recherche des causes de ce fâcheux phénomène conduirait trop loin. Regrettons, seulement, d'en discerner une, qui d'abord saute aux yeux. Nous la trouvons dans l'absence, ou au moins la rareté chez nous de ce patriotisme véritable, sensé et généreux, qui porte l'intérêt particulier à se sacrifier à l'intérêt général.

Ainsi que toutes les races latines, nous avons toujours parmi nous des individus disposés à se séparer de la foule, à se former en castes ou en corporations, s'ils ne le sont déjà, pour absorber à leur profit un bien naturellement profitable à tous.

Mais, revenant au point de départ de notre discussion que nous ne devons pas perdre de vue, il nous semble que toutes les considérations qui viennent d'être présentées établissent d'une façon indubitable, que la terre dont l'administration dispose aujourd'hui, ne représente pas le vingtième de ce qu'il faudrait pour coloniser l'Algérie : d'où la conséquence inévitable, que la propriété individuelle est la seule ressource à laquelle les colons puissent recourir.

Ne soyons pas étonnés, alors de l'ardeur avec laquelle ils la désirent, des efforts auxquels ils sont décidés pour l'obtenir.

Il est vrai que les lignes qui précèdent ont été écrites sous le régime Impérial, à une époque où il ne fallait pas songer à attaquer le Sénatus-Consulte dans ce qu'il a de plus important : avec la République il serait beaucoup plus aisé d'en obtenir l'annulation. Si les colons le demandaient, il leur serait peut-être accordé une loi nouvelle, qui reviendrait au principe du cantonnement. L'exemple ne manque pas de Sénatus-Consultes, intéressant la France même, qui ont été modifiés ; il n'y aurait rien d'insolite à ce que pareil fait se produisît en faveur de l'Algérie.

Mais cet expédient serait dangereux et même injuste. Les Algériens paraissent l'avoir compris, c'est pourquoi il n'en est nulle part question.

Il ne serait pas équitable, en effet, d'aller troubler les indigènes dans leur possession, après qu'il leur a été dit par tous nos pouvoirs constitués, pendant dix ans : — Vous resterez propriétaires du sol sur lequel vous êtes établis et que vous cultivez ; prenez patience, on travaille à vous donner des titres de propriété, bientôt vous les aurez. —

§ 2

Inconvénient d'une loi agraire.

Une même raison de justice, jointe à la nécessité d'éviter des difficultés inouïes, des lenteurs indéfinies, des résistances acharnées, nous rend contraire à certaines lois agraires, qui ont été proposées par des esprits plus engoués de théories en apparence équitables, que de saine pratique.

L'histoire de tous les temps et de tous les pays apprend assez à quel point les lois agraires excitent les passions, surtout celles de ceux qui jouissent et dont elles tendent à troubler la jouissance. Il est des États où on les a vues violemment repoussées ; il en est d'autres où elles ont pénétré parce que la plus grande partie du peuple les voulait ; mais ce n'a jamais été qu'aux prix de beaucoup de sang répandu. Ainsi, les Gracques périrent, dans Rome, sans succès pour une semblable cause ; et on sait ce que les lois de 93 ont coûté à la France : or, les plus importants des privilèges dont la noblesse et le clergé furent dépouillés étaient relatifs à la terre.

Cela n'a rien d'étrange : toute loi agraire constitue une évolution sociale ; est-il possible de déplacer les bases d'une société sans y causer un grand trouble ?

En ce qui concerne l'Algérie, celle qui est proposée conduirait à répartir par portions quasi égales, entre les indigènes, les terres sur lesquelles ils vivent. Il y a des esprits honnêtes qui se fâchent de voir des Aghas, Bach-Aghas, Chérifs et Caïds, gens d'anciennes familles ou simplement parvenus, posséder, grâce aux munificences de l'autorité militaire, des espaces considérables : il s'agirait de dépouiller ceux-ci pour donner à ceux-là. En théorie, cela est très beau, mais, en pratique, c'est inapplicable.

D'abord, les chefs arabes dont il s'agit n'ont été si richement dotés, en admettant qu'il y ait eu dotation, que parce qu'ils dirigent en maîtres presque absolus les mouvements extérieurs et internes de leurs coreligionnaires : ils tiennent dans leurs mains les pensées et les volontés du vulgaire. Pour les Arabes, maintenus par l'isolement dans leur fanatisme, leurs chefs, surtout ceux issus des anciennes familles, représentent toujours des élus de Dieu. Ce sont précisément ces derniers qui ont les propriétés les plus vastes. Et, qui plus est, il y en a beaucoup parmi eux qui soutiennent que l'administration des domaines, revendiquant au nom de l'Etat, leur a enlevé des quantités notables de leur patrimoine. Pour un bon nombre ; donc, la prétendue dotation n'a été qu'un amoindrissement ; et, en définitive, ils n'ont vu dans l'acte qui les a laissés jouissant qu'une reconnaissance de leurs droits.

Or, l'autorité qui a consacré ces droits ou ces dons, comme on voudra, en avait-elle le pouvoir ? Certes oui, elle l'avait ; cela est incontestable ; elle était aussi légalement constituée que toute autre administration civile. Il y a donc alors pour ceux qu'on l'accuse d'avoir favorisés des droits acquis ; pour ces derniers, peu leur importe le reste : une terre a été reconnue la leur, ils disent, c'est mon bien, et ils ont raison de le dire.

Eh bien ! allez toucher à ce qu'avec confiance et bonne foi ils détiennent sous cette dénomination : vous les rendrez furieux et exaspérés ; ils vous susciteront toutes espèces de difficultés ; ils useront, comme dernière ressource, de leur influence sur les Arabes pour les ameuter et les soulever contre vous : ou je me trompe fort, ou il y aura des coups de fusil.

Mais ceci n'est rien. Si on ne touchait à ce sujet qu'après la guerre, on aurait vite raison des résistances armées. Ce qui est plus fâcheux, c'est qu'il faudrait perdre un temps considérable à des délimitations entreprises d'après de nouveaux principes.

Il y en a qui vous disent : rien n'est plus simple, cela ira très vite, on n'aura qu'à y mettre le personnel nécessaire, etc. etc.

Pour moi, ce ne sont que de vaines paroles. Ceux qui ont de l'expérience savent combien la pratique est hérissée de difficultés, à quel point il est difficile d'innover. Il faudrait de nouveau que la colonie confiât sa destinée à l'administration. Lors même qu'elle serait civile, cela ne m'empêcherait pas de m'écrier — éloignez de vous et de vos affaires tous les administrateurs, moins vous y aurez recours mieux vous vous en trouverez. Si donc l'intervention de l'administration, civile ou non, ne vous est pas nécessaire pour arriver à la propriété privée, et nous verrons bientôt qu'il en est ainsi, passez-vous en ; votre intérêt particulier vous dirigera mieux qu'elle, et vos efforts individuels seront cent mille fois plus fructueux pour vous et pour le bien général. N'ayez qu'une demi-confiance dans ces employés administratifs, qui n'ont jamais qu'un intérêt de second ordre à vous secourir, et qui pourraient même en avoir un tout contraire, ou se le créer.

Heureusement la théorie que je critique n'est produite que par quelques sages, ne possédant pas, pour la plupart, un pouce de terre en Algérie ; ce sont presque tous des employés qui ne feront que passer : on comprend que le côté pratique d'un tel sujet n'est pas ce qui les embarrasse.

J'ai dû, cependant, dire un mot de ce rêve, à cause de son aspect séduisant. Je ne dois pas oublier que nos aspirations seront jugées, en France, par des hommes bienveillants, mais qui ont besoin qu'on les mette en garde contre des surprises d'autant plus faciles, qu'on ferait appel à leur bon cœur. Cette théorie pourrait, en désespoir de cause, être invoquée par les ennemis de la colonisation, beaucoup plus redoutables que nos rêveurs. Ils ne la soutiendraient que parce qu'ils la sauraient propre à nuire et, qu'en cela, ils y trouveraient leur affaire.

Nous restons donc en présence du Sénatus-Consulte de 1863, et je dis, comme la majorité des Algériens, nous n'avons pas besoin de toucher à son principe fondamental et essentiel, à ce don qu'il a fait, une fois pour toutes, aux Arabes des terres qu'ils utilisent. Nous respectons donc son article premier qui règle ce point, et dont nous avons déjà donné le texte ; sauf à le réduire à ses justes limites, en restituant à l'Etat les terres désertes ou en déshérence, qui lui appartiennent de droit.

§ 3

Article 2 du Sénatus-Consulte de 1863, ou l'art d'écrire un texte qui promet beaucoup, tout en permettant de ne rien tenir.

Si nous acceptons la base posée par l'art. 1er du Sénatus-Consulte, hâtons-nous de le dire, il n'en est plus de même des détails inscrits dans l'art. 2.

Ce sont eux qui tracent le procédé à suivre pour arriver à la propriété individuelle. Mais loin d'y conduire directement et d'une manière forcée, ils ont permis à ceux qui ont été chargés de leur application, c'est-à-dire aux bureaux arabes, de prendre le chemin des écoliers. Ils se sont si bien écartés du but, que, si les choses devaient rester dans leur état actuel, il y aurait fort à parier qu'ils ne l'atteindraient jamais.

Il est alors absolument nécessaire de modifier des textes qui permettent de semblables écarts. Mieux vaudrait encore, comme on le verra bientôt, les supprimer tout-à-fait, et les remplacer par une ou plusieurs lois, dont les dispositions satisferont à toutes les exigences de la situation.

Avant d'indiquer les points que ces lois doivent réglementer, il convient de faire connaître au lecteur en quoi sont défectueux les détails dont il est question, car il ne suffit pas d'accuser, il faut prouver l'accusation. Nous allons donc les suivre dans le Sénatus-Consulte.

Prenons le texte de l'article 2, et, ensuite, nous le discuterons.

Il est ainsi conçu :

« Il sera procédé administrativement dans le plus « bref délai : 1° à la délimitation des territoires des tri- « bus ; — 2° à leur répartition entre les différents douars « de chaque tribu du Tell et des autres pays de culture,

« avec réserve des territoires qui devront conserver le « caractère de biens communaux; — 3° à l'établisse- « ment de la propriété individuelle entre les membres « des douars, partout où cette mesure sera reconnue « possible et opportune. Des décrets Impériaux fixeront « l'ordre et les délais dans lesquels cette propriété in- « dividuelle devra être constituée dans chaque douar. »

A la première lecture, ce texte apparaît plein de promesses. Mais un examen approfondi fait bientôt reconnaître que cette impression est trompeuse, et qu'il était difficile de rien édicter de plus élastique : il peut, en effet, conduire à tout, servir à toute fin, au mal comme au bien.

Prenons l'hypothèse du bien.

Pour quiconque se représente le chagrin des colons resserrés dans ces murailles fictives, bornes des prisons appelées territoires civils, le parti à tirer de cet article s'imposait de lui-même : il fallait travailler sans délai à donner de l'air à ces malheureux prisonniers. Le premier soin devait être d'aggrandir le périmètre dans lequel leur activité pouvait s'exercer; c'était leur plus pressant besoin, même en supposant qu'ils n'eussent pas peuplé tout leur territoire. On ne parque pas, en effet, les hommes comme les bœufs et les moutons. Le travail est capricieux dans la forme, quoique logique au fond. Cela tient à la diversité des esprits. Ce qui plaît à l'un et lui réussit, ne convient pas à un autre; il faut aux travailleurs espace et liberté, autant en fait de culture qu'en tout autre genre. Tel n'a aucune confiance dans l'exploitation agricole à laquelle il est forcément attaché dans un village, qui emploierait toute son âme, toute sa vie, à fertiliser et féconder un champ qu'il connaît dans un endroit isolé, qu'il achèterait, s'il le pouvait, soit à l'Etat, soit à un Arabe désireux de le vendre. C'est là le travail intelligent; il s'exprime ainsi dans la nature entière; ce ne sont pas seulement les hommes qui en fournissent l'exemple, on le trouve chez les animaux; mieux encore, chez les insectes : voyez les abeilles et les fourmis.

Cela étant, il fallait créer aussitôt la propriété individuelle dans les tribus confinant aux territoires civils.

Il n'y avait, pour y parvenir, qu'à s'occuper successivement de chacune d'elles, et qu'à y tracer, du même coup, ses limites, celles de ses douars, et, dans ceux-ci, celles des biens tombant divisés dans le domaine privé. En passant ainsi graduellement des plus proches aux plus éloignées, les cercles grandissants se seraient rejoints. Ils auraient un jour couvert toute l'Algérie. Les colons appelaient cela faire la goutte d'huile, parce que l'espace circulaire aurait imité la tache d'huile sur un vêtement.

Quoique les lenteurs d'une délimitation, propriété par propriété, doivent toujours être évitées, cette méthode aurait satisfait la colonie, dont les forces vives auraient été tenues dans une activité suffisante. Son emploi aurait conduit aujourd'hui à des résultats très satisfaisants.

Et c'est bien là la mesure qui semblait indiquée par notre texte lu avec bonne foi et en vue de s'inspirer de son esprit. Cela était d'autant moins douteux, que le rapport fait en Sénat annonçait et proclamait que la loi proposée n'avait d'autre but, que de conduire rapidement à la propriété individuelle.

Comme on attendait cette fin du Sénatus-Consulte, on s'aperçut bientôt que l'administration militaire l'avait créé et imaginé, non pour la colonie, mais pour elle-même. Malgré que le bien qu'il était possible d'en obtenir laissât encore à désirer, on vit qu'elle s'était gardée de se lier les mains.

Elle s'était ménagé, en effet, un moyen très simple de tout suspendre. Rien que par la manière d'exécuter le Sénatus-Consulte, elle pouvait n'arriver à rien qui fût directement utile à la colonie, c'est-à-dire qu'elle était maîtresse d'aboutir au mal.

C'est notre seconde hypothèse, examinons là.

On va voir les tristes conséquences qu'il est quelquefois facile de tirer d'un texte interprété à la lettre, mais contrairement à son esprit : c'est ce qu'on nomme en droit l'interprétation judaïque.

Dans le nôtre, l'énumération des opérations prescrites est faite séparément.

Il y a trois catégories classées par numéros, et la plus importante, la seule dont la colonisation puisse recueillir des fruits, celle relative à la propriété privée, est placée la dernière. Comme il n'est enjoint par aucune phrase ou expression d'accomplir ces trois classes de travaux simultanément, et en une seule fois dans chaque tribu, il s'en suit que le pouvoir exécutant a la faculté d'y procéder séparément. Il peut ne s'occuper d'abord que du n° 1, et, ce faisant, tracer les grandes et inutiles limites de toutes les tribus ; ne passer au n° 2 qu'après l'achèvement de cette première entreprise ; séparer, enfin, de même l'exécution du n° 2 de celle du n° 3.

Remarquons ensuite que l'administration est l'autorité préposée à l'exécution : il sera procédé administrativement, dit la loi. C'est donc elle seule qui fera ou dirigera tout. Le législateur, rempli de confiance, s'en rapporte à elle sur l'ensemble et les détails ; il s'en remet à son appréciation sur la constatation de la possibilité et de l'opportunité de créer la propriété individuelle dans un douar : c'est le n° 3 qui le dit. Disposant de tous ces pouvoirs, l'administration a toutes les armes nécessaires pour obéir à ses propres inspirations.

Elle est si bien maîtresse absolue, qu'il ne dépend que d'elle de ne jamais diviser la terre indivise d'un seul douar. Elle fera taire par deux mots toutes les objections de ceux qui lui demanderaient pourquoi elle ne s'en occupe pas ; elle leur répondra cela ne me paraît ni possible ni opportun ; absolument comme il est écrit dans le texte.

Après avoir dit ces mots, elle sera dans la légalité. Aujourd'hui, demain, dans mille ans, elle évincera ainsi légalement tous les contradicteurs.

Mais, dira-t-on, elle pourra être contrainte par le ministre dont elle dépend ? Je réponds — si cette administration est militaire, le Ministre de la guerre, dominé par l'esprit de corps, verra neuf fois sur dix comme elle. D'ailleurs elle peut être plus forte que le Ministre, et représentée par un officier d'un grade hiérarchiquement supérieur : on a vu des Ministres simples généraux de division, alors que le Gouverneur général était Maréchal de France. Qui donc alors refusera à l'administration le brevet d'approbation qu'elle aura l'air de solliciter ? Qui s'ingérera dans sa conduite pour la critiquer ? — Personne, si ce n'est la nation !

Malheureusement pour la colonie, il y avait hier vingt ans que la volonté nationale et l'intérêt du pays étaient méconnus et foulés aux pieds. Pendant tout ce temps, l'administration militaire suivit avec résolution le système malheureux que nous venons d'exposer, seul usage qu'elle ait fait de sa toute puissance.

Elle n'a pas, il est vrai, exagéré les lenteurs autant que cela lui aurait été possible, en divisant l'exécution des n°s 1 et 2. Elle les applique simultanément, et en une seule fois dans chaque tribu ; mais elle se garde de toucher au n° 3 : dès lors, la colonisation n'en est pas plus avancée. Il est facile de voir qu'elle ne s'est décidée à cette légère abréviation que parce qu'elle ne nuisait en rien au principe d'ajournement indéfini qu'elle a pris pour règle. D'ailleurs, rien ne l'oblige de presser l'exécution des deux premiers numéros : nous ne voyons que trop qu'elle prend son temps.

Au commencement de 1870, il y avait sept ans qu'elle se déclarait très occupée à l'œuvre prescrite par le Sénatus-Consulte ; cependant pas un seul douar, que je sache, n'avait vu transformer ses terres communes en propriétés particulières. Ce n'est pas que les commissions militaires chargées de présider aux triangulations ne se fussent fort agitées, et n'eussent pris beaucoup de peine. Elles avaient parcouru toute l'Algérie. Tantôt, et trop souvent pour le vrai bien du pays, elles opéraient dans le Sahara, où leur travail devait être pendant longtemps tout-à-fait inutile ; tantôt elles se montraient dans le Tell. Mais elles n'étaient presque jamais là où elles auraient rendu de grands services, en agissant bien. Elles semblaient fuir le voisinage des centres Européens. Et, si nos renseignements sont exacts, au 1er janvier 1870, il n'y avait qu'un très petit nombre de tribus contigües aux territoires civils qui eussent leurs douars délimités.

Tant de précautions ne servent qu'à montrer jusqu'où est poussé l'esprit de prévoyance, des subordonnés comme des supérieurs, dans la compagnie des bureaux arabes. Quelle douce, glorieuse et victorieuse entente dans cette volonté non moins énergique qu'invariable de repousser l'agriculture et le commerce des terres qu'ils devraient féconder ! Les plus grands ont fait la loi, mais n'ayez peur que les petits se trompent, et se prennent à l'appliquer autrement qu'il convient à l'esprit et aux intérêts du corps.

Cependant la colonie, regrettant vingt années perdues, se désespérait de celles qui allaient suivre : chaque colon priait Dieu, dans son cœur, de mettre fin à cette comédie.

La Providence qui, quoiqu'on en dise, veille au succès des causes justes, et les fait toujours triompher à la longue, a fourni l'occasion désirée d'attaquer avec succès un système détesté, en suscitant trois événements considérables : une famine, une discussion avec le premier prélat du clergé de l'Algérie, et l'avénement sérieux de la démocratie aux affaires de la France. Puissent les espérances conçues se réaliser! Puisse l'avenir sauver une nouvelle France d'un despotisme intolérable, et lui éviter de nouvelles déceptions!

§ 4

Il faut trois lois, chacune de trois lignes au plus, pour résoudre aujourd'hui le problème de la propriété individuelle.

Le lecteur connaît maintenant les défectuosités qui ont été semées dans la rédaction du Sénatus-Consulte; il sait aussi le déplorable parti qu'on en a tiré : il pouvait conduire au bien, avec lenteurs et complications, il est vrai, mais enfin le bien ne perd ni sa nature ni son avantage, pour être acquis avec peine; cependant il n'a produit que le mal, parce qu'il laissait une double issue.

Nous allons faire connaître les dispositions législatives nécessaires, pour remédier aux vices et aux lacunes qu'il révèle. J'espère qu'après ce qui précède elles seront entendues par tout le monde, sans la moindre difficulté. Il y en a trois : je vais les énoncer suivant un ordre numérique; j'aurai soin d'y joindre, en même temps, les explications indispensables ou même simplement utiles.

La première est relative aux terres laissées désertes par les Arabes, et que j'ai évaluées à plus de deux millions d'hectares. Il faut qu'une loi, modifiant les termes généraux de l'article premier du Sénatus-Consulte, déclare que, conformément à la loi française, ces terres appartiennent à l'Etat. Ce qui a rapport à cette question ayant été déjà développé avec soin, je n'ai pas à y revenir.

La seconde concerne les terres arch, qui, pour être communes en ce sens qu'elles appartiennent à la tribu, n'en sont pas moins partagées et divisées avec exactitude entre les particuliers, qui jouissent de père en fils de la portion à eux attribuée. Que leur manque-t-il pour les rendre propriétaires définitifs ? — une simple loi qui vienne l'édicter.

Point n'est besoin de passer vingt, trente ou quarante ans, avec des compas dans les mains, pour relever le lot de chacun et lui écrire un titre. Son titre est tout fait ; il existe, comme pour les biens melk, par le fait de sa possession, et il est écrit dans la mémoire des hommes. Ce qui a été reconnu suffisant pour les melk le sera aussi pour les terres arch, la loi n'a qu'à déclarer que chaque possesseur actuel d'une partie de terrain arch en devient propriétaire, qu'il constitue un bien melk, et tout sera dit, tout sera fait ; la terre arch aura disparu de toute l'Algérie ; la prétendue propriété en commun sera anéantie. Elle l'est presque déjà en fait, par suite des jouissances indéfinies, il n'y a qu'à consacrer le fait et à le faire servir de base à l'établissement du droit.

Ces réflexions, aussi simples que naturelles, font voir combien il est vrai que le Sénatus-Consulte ne conduisait pas à la propriété individuelle par la marche la plus courte, la plus simple et la plus rationnelle.

Le jour où la loi que nous proposons paraîtra, on verra que ces grands travaux des commissions délimitatives, pour établir le périmètre des tribus et celui des douars, étaient absolument inutiles ; ils n'avaient qu'une fin : c'était de fournir à l'administration l'occasion de tenir la colonie en servage, tout en amusant le public français. Ces délimitations générales ne sont que des puérilités et des non-sens, si on les considère en vue de leur but annoncé et proclamé : celui de la propriété individuelle. Nous ne supposons même pas qu'elles puissent servir à asseoir des circonscriptions administratives, lorsque les Européens libres d'acheter aux indigènes, se répandront au milieu d'eux. Autant aurait valu édifier des châteaux de cartes ou d'argile, à l'instar des enfants.

Parmi tant de lignes tracées, les seules qui seront de quelque utilité regardent le retrait opéré, par l'administration des domaines, des azels, ou terres appartenant à l'Etat. Mais était-il besoin, pour cela, de prendre les limites exactes de la tribu et celles des douars qui la composent? Il est manifeste que non. Quel rapport y-a-t-il entre la ligne qui circonscrit un azel et celle de l'ensemble d'un douar ou d'une tribu? — il est palpable qu'il n'en existe aucun.

L'opération de l'administration des domaines pouvait se faire après la loi que nous venons de proposer, tout aussi bien qu'avant. La seule précaution à prendre était d'y inscrire une réserve expresse pour l'Etat de revendiquer ses droits contre tous individus qui empiéteraient sur ses azels. Cette réserve sera encore utile, attendu qu'il existe un très grand nombre de tribus au milieu desquelles les commissions délimitatives n'ont pas rempli leur mission. Il sera donc nécessaire de l'ajouter à notre loi.

Il n'en faut pas moins conclure que l'administration militaire ne peut tirer aucun avantage, ni se prévaloir du bien qui est résulté de l'intervention de l'administration des domaines. Nous irons même plus loin : nous ne craindrons pas d'affirmer que bien souvent les azels, que celle-ci réclamait, ont été réduits sous l'influence toute puissante des bureaux arabes, qui prenaient presque toujours le parti des indigènes opposants. Nous savons que, sans cette intervention, bien des azels auraient une étendue beaucoup plus grande que celle qui leur a été conservée.

Aussi, est-il permis de croire que le pouvoir militaire était bien aise de surveiller les revendications de l'administration des domaines; il lui importait que ses chers Arabes fussent traités favorablement. Dans cette circonstance la question de terre, qui lui tenait tant à cœur, apparaissait au premier plan. L'application du système général demandait que les azels, devant revenir un jour à la colonie, fussent amoindris et sacrifiés autant qu'il se pourrait.

La troisième loi, depuis longtemps demandée par la colonie, est l'intronisation dans toute l'Algérie de nos lois sur les hypothèques et la transcription ; elle ferait disparaître les odieux obstacles que la loi arabe oppose à la sûreté des transactions immobilières ; elle serait le complément indispensable des deux lois qui viennent d'être indiquées.

Nous avons déjà parlé de la transcription au chapitre qui précède, mais en supposant le sens de ce mot familier au lecteur : toutefois, nous réfléchissons que quelques personnes pourraient n'en avoir qu'une idée confuse, c'est pourquoi nous croyons utile d'en préciser la signification.

La transcription est une formalité qui a pour objet de garantir la paisible possession d'un immeuble à celui qui l'acquiert. Un vendeur de mauvaise foi pourrait, sans elle, vendre la même propriété à plusieurs individus successivement ; mais comme le premier acquéreur ne manque jamais de faire transcrire son contrat au bureau des hypothèques, ce qui est l'accomplissement même de la formalité appelée transcription, il s'en suit que celui auquel l'immeuble est proposé en second lieu n'a qu'à se transporter aux hypothèques pour savoir qu'il a déjà été vendu. Il constate ainsi, avec facilité, la fraude dont l'ex-propriétaire cherchait à le rendre victime. La transcription a donc une double fin : elle fait connaître le propriétaire actuel, et elle garantit l'acquéreur contre des évictions frauduleuses.

Cela dit, je défie aux ennemis de la colonisation de contester l'absolue nécessité, la possibilité et l'opportunité de cet ensemble de lois.

Sans attaquer la première dont l'utilité est par trop évidente, on pourrait tenter de nier l'opportunité des deux dernières. Mais j'aurais une réponse plus forte qu'on ne pense. Savez-vous ce que j'opposerais à mes contradicteurs? — rien moins que les affirmations mille fois répétées de l'administration militaire elle-même.

En effet les commissions délimitatives s'apercevaient toujours de la nature de la propriété dans les tribus où elles opéraient. Lorsqu'elles étaient melk elles en rendaient compte à l'administration supérieure. Celle-ci faisait à son tour rapport à l'Empereur, qui était appelé à consacrer par un décret chaque délimitation terminée. Dans cette circonstance, elle ne manquait jamais de finir son rapport par cette phrase quelque peu emphatique, ou par d'autres du même genre : « toutes les terres de « cette tribu étant possédées à titre melk, il en résulte « que les transactions y sont incontestablement libres. »

Cela n'était pas exact par les motifs déjà détruits et par d'autres qui ne l'ont pas été encore. Dans les conditions qui présidaient à la promulgation du décret, de telles paroles avaient même un air de moquerie et de persifflage; l'administration n'y songeait assurément pas; elle était seulement entraînée par le désir de faire valoir son ouvrage et d'afficher un zèle qu'elle était loin d'éprouver, mais qui devait la recommander, en France, au public ignorant la vérité. Elle savait bien que quant à l'Algérie elle n'y trompait personne.

Mais enfin que conclure de cette déclaration, si ce n'est que le pouvoir militaire constatait, tout le premier l'utilité, et l'opportunité de favoriser les transactions immobilières entre Européens et indigènes? Et par cela même, il avouait la nécessité absolue de soumettre les terres de l'Algérie au système individuel et à nos lois sur les hypothèques et la transcription, dont le manque constituait une entrave presque insurmontable.

Tout cela a été dit et redit depuis longtemps. L'administration qui n'avait rien à répondre s'est tue; mais comme elle tenait tous les pouvoirs entre ses mains, elle opposait la force d'inertie à toutes les récriminations. Lorsque dans les chambres législatives ses représentants les plus élevés étaient interpellés, ils arguaient de difficultés vagues, qu'ils ne précisaient pas, parce qu'ils ne l'auraient pu faire. On sentait qu'ils tâchaient d'évoquer le spectre des insurrections, mais ils n'y arrivaient pas franchement, sachant qu'il avait été bafoué.

Pendant ce temps, les empêchements restaient debout. Il en résultait un spectacle deux fois triste. On voyait d'un côté une administration, instituée pour vivifier, étouffant toute vie, et d'un autre côté des laboureurs français regardant de loin une partie de la terre si mal employée par les Arabes, comme une chose bonne et belle, dont ils auraient fait volontiers leur affaire, mais à laquelle ils ne pouvaient atteindre. Ils la laissaient donc, mais avec quels regrets ! Ce n'était pas qu'elle fût chère : à 10 lieues de Sétif on l'a payée 10 francs l'hectare. Mais les risques à courir rendaient et rendent encore ce prix trop élevé. Celui qui veut défricher, irriguer, élever des bestiaux et bâtir, y regarde à deux fois avant de s'installer et d'exposer ses capitaux.

Il y a 25 ans que les lois par nous préconisées aujourd'hui auraient dû être promulguées. Elles ne pouvaient provoquer aucun embarras de la part des indigènes. L'auteur du Coran était étranger à cet ordre d'idées, son livre n'en dit mot : or, pour tous les orientaux et pour tous les orientalistes, ce qui n'a pas été prévu et défendu par le Coran est permis.

Qui donc, ensuite, se serait plaint de n'être pas trompé lorsqu'il supposait acquérir un immeuble ? Où est le mal d'avoir la certitude de devenir propriétaire en échange de son argent ?

Quelqu'un pourrait dire : vous parlez de 25 ans, mais en ce temps vous n'y étiez pas.

J'en conviens. Mais voilà 15 ans que j'y suis et que j'entends répéter de mille manières le thème suivant, présenté, moitié sous forme d'observations, moitié par apostrophes, à l'administration militaire : — Mettez donc la terre dans le commerce ! Avant le Sénatus-Consulte on disait : — vous voulez la donner aux Arabes, — depuis sa promulgation on dit : — vous l'avez donnée aux Arabes, — soit, nous n'en disons rien. Mais s'il leur est impossible de la vendre ou céder à quelque titre que ce soit, même entre eux, ils n'en sont pas propriétaires ; ils en sont simplement les gardiens, elle devient une chose conservée et gardée nous ne savons au profit de qui. D'ailleurs nous ne comprenons pas, avec nos idées modernes, une propriété inaliénable, pour quelque cause que ce soit. Cela n'est pas permis en France, et n'y existe point ; l'Algérie n'est-elle pas la France ? Pourquoi ne pas la mettre sur le même pied ? Des territoires énormes, dits militaires, s'étendent autour de nous, et nous étouffons dans ces petits espaces perdus et presque imperceptibles qu'ils recèlent et semblent cacher. Vous les appelez territoires civils ; mais d'autres, plus spirituels et plus vrais, les ont baptisés de polynésie ou micronésie civile. L'Océan qui entoure cette micronésie est à nous, nous le voulons, nous prétendons nous y étendre, commercer, cultiver, travailler le sol, façonner ses produits. Nous nous irritons de voir que les Arabes n'en font rien ou presque rien ; qu'ils ne recueillent pas même de quoi soutenir leur existence dans une année de sécheresse. Vous avez l'air de croire qu'ils ne veulent pas de notre voisinage, mais nous supposons que vous voulez rire. Partout où ils nous approchent, ils s'en trouvent bien et ne s'en plaignent. Peut-être parlez-vous d'après cinq ou six cents caïds intéressés à garder leurs emplois ? Alors, sachez que nous n'en prenons souci. Interrogez les fellahs et vous verrez s'ils n'ont pas des idées toutes différentes : ils n'ignorent pas que si depuis longtemps ils avaient pu nous céder, à prix d'argent, un peu de cette terre dont l'étendue les embarrasse, ils n'auraient pas eu la famine. Ces bons Arabes, que vous nous dites si hostiles, voient avant tout leur intérêt. Tachez de le voir vous-mêmes. Ne soyez pas démocrates en France et oligarques en Algérie. Donnez-leur la liberté des transactions immobilières, et vous verrez s'ils ne sauront pas en tirer parti pour leur avantage et le nôtre. La plus-value de leurs terres leur apprendra bientôt que nous sommes de bons voisins, et ils seront les premiers à nous appeler. Hélas ! ceux qui ont la prétention de diriger pour le mieux nos affaires, éludent, ajournent, temporisent ! La seule institution propre à rendre l'Algérie prospère paraît leur être un objet d'aversion : les années se passent et nous végétons, toujours enfermés dans ces cercles de fer appelés limites de nos territoires : notre nombre n'augmente qu'insensiblement et les Arabes meurent de faim ! —

Et ce langage n'est pas tenu seulement par les colons proprements dits, il est reproduit par toutes les autres classes de la société : aux yeux de tous les habitants des villes, commerçants, industriels et même employés de l'état, la propriété individuelle peut seule amener le salut de la colonie. On peut dire qu'elle est demandée depuis plus de vingt ans par les Européens des trois provinces avec acclamation ; elle l'est, aujourd'hui, par les Arabes eux-mêmes : c'est un vœu unanime !

CHAPITRE IV

AUTRES RÉFORMES, CONSÉQUENCES DE LA PROMULGATION DES LOIS INDIQUÉES AU CHAPITRE PRÉCÉDENT. — SUPPRESSION DES CADIS.

On va voir, ici, comment tout se tient dans une société. Si on cherche à la perfectionner, et si tout y est mauvais, comme en Algérie, il est impossible de toucher à un point sans être entraîné à renouveler tout le reste. L'amélioration devient une révolution sociale. Ainsi fut-il chez nous en 93.

Lorsque le droit commun de la France sur la propriété territoriale sera appliqué à la terre de l'Algérie, celle-ci sera régie par d'excellentes lois; mais nous voulons atteindre du premier coup au bien, ou, sinon, à tout ce qu'il y a de possible en fait de mieux : ces lois y suffiront-elles à elles seules?

Non.

Suivons-les dans leur application, et nous verrons qu'à tout moment des obstacles de toute nature les empêcheront de produire les bons effets désirés.

La plus grande gêne viendra de la variété des juridictions. Disons-le tout de suite, le maintien des cadis, concurremment avec ces lois, deviendrait on ne peut plus embarrassant.

Ces magistrats doivent surtout inspirer des craintes au sujet de la transcription; car leurs fonctions de juge et de notaire leur offrent doublement le moyen de troubler la sûreté des contrats. Sans doute les contrats bien passés et régulièrement transcrits, affermis, en outre, par la prescription décennale ou de vingt ans, finiraient par opposer une barrière insurmontable à leurs irrégularités; mais ils n'en continueraient pas moins, pendant longtemps, quoique sur une échelle moindre, le mal qu'ils font aujourd'hui.

Ainsi, après qu'un indigène aura vendu sa terre à un Européen, ils pourront, comme juges entre indigènes, décider, sur simples dépositions de témoins, que celui qui a vendu n'était pas propriétaire, et que tel autre l'était. Celui-ci, en vertu du jugement rendu en sa faveur, pourra revendiquer l'immeuble entre les mains de l'Européen. Comme notaires, ils pourront dresser des contrats de vente entre indigènes, quelque temps avant que les mêmes vendeurs en passent d'autres sur les mêmes immeubles devant un notaire français. S'ils ne sont pas honnêtes, ils consentiront, même après vente connue d'eux à des Européens, à recevoir entre indigènes des actes de vente anti-datés. La cour d'Alger obligée de se conformer aux détestables principes du droit musulman, juge que tout contrat reçu par un cadi, même sur une feuille volante, a un caractère authentique.

La coutume arabe, sur le droit de chefaa, viendra fournir ses causes de malaise et d'inquiétude.

L'intérêt du pays commande de tout faire pour rendre de tels abus impossibles, ou pour amoindrir ceux qui seront une conséquence forcée de la transition. Pour y parvenir, il n'y a qu'un moyen : c'est la suppression des cadis, et la réforme de la coutume musulmane relative à la preuve testimoniale. Si on touche à ce point, il sera bon de ramener, du même coup, au droit français tout ce qui en sera susceptible, sans blesser sérieusement les préjugés des indigènes: nous en reparlerons au chapitre qui suit.

Pour le moment, on comprend que par l'effet de l'unité de juridiction et de la sévérité de nos magistrats français, les évictions frauduleuses deviendront beaucoup plus difficiles.

Il y a, d'ailleurs, beaucoup de bonnes mesures qui pourront être prises pour diminuer le danger des revendications hasardées ou dolosives. Ainsi, je connais des notaires qui exigent de tout vendeur d'un melk un certificat de son cadi déclarant qu'il est seul propriétaire.

Lorsque les cadis seront supprimés on pourra remplacer les certificats par l'affirmation de trois ou de cinq notables du douar, selon son importance ; ils pourraient être nommés à l'élection, et leurs assertions me sembleraient même offrir plus de garanties que celles des cadis.

De plus, tout propriétaire ayant intérêt à affermir sa propriété entre ses mains, il est permis d'espérer que nombre d'indigènes, propriétaires de melks ou de biens arch devenus melks, feront transcrire au bureau des hypothèques les titres ou pièces susceptibles d'établir leur droit. Il serait sage de les aider dans leurs efforts. Cela serait facile en leur permettant, par exemple, de faire transcrire des certificats de leurs Djemaas, ou des actes de notoriété reçus sur dépositions des notables et anciens du douar, soit par le juge de paix, soit mieux encore par les notaires, qui auraient soin d'y inscrire les éléments essentiels à la constatation de la propriété.

Me plaçant à un autre point de vue, d'autres remarques non moins essentielles se présentent à mon esprit.

Je suppose qu'un Européen devienne, sans contestation aucune, l'acquéreur d'un immeuble indigène. Cela est déjà bien, mais ce n'est pas tout : comment se mettra-t-il en possession ? Tant que la France ne retirera pas son armée les Arabes ne se révolteront pas, voilà qui est certain ; en subissant, sans troubler l'ordre, une famine effroyable, ils ont trop prouvé leur extrême soumission. Toutefois, il faut convenir qu'ils n'en sont pas moins fort peu disciplinés et très portés au vol. Ils ont, notamment, une habitude enracinée qui cause chaque jour des rixes : c'est d'envoyer leur bétail pacager dans la prairie des voisins. Du reste, et en un mot, la crainte seule les amène à respecter le bien d'autrui. Pour s'installer au milieu de telles gens et y défendre son droit, un Européen aurait besoin de sentir à sa proximité une police française, non parce qu'elle prendrait parti pour lui quand même, mais parce qu'étant impartiale, il pourrait compter sur elle, s'il était victime de déprédations évidentes, de même qu'il l'aurait contre lui, si les torts étaient de son côté. C'est chose que nous voyons du reste tous les jours.

Or, en territoire militaire, la police appartient aux indigènes : les caïds et les cheiks en sont chargés. Il leur est dévolu de faire les premières constatations d'un crime ou d'un délit ; s'ils le dénoncent au bureau arabe, ils sont dans la règle, ils accomplissent leur devoir; mais s'ils oublient d'en parler, le Bureau arabe n'en saura rien. Il faut reconnaître, surtout pour les crimes, qu'il leur arrive rarement de commettre cette omission. Leur obéissance à ce sujet, comme pour tout le reste, est garantie par l'omnipotence de leurs chefs militaires ; ils savent qu'ils en dépendent d'une manière absolue ; devant eux ils baiseraient la terre. Cependant s'il leur plaisait de régler une affaire de crime pour ainsi dire en famille, de la taire, afin de ne pas nuire ou déplaire à leurs coreligionnaires, il est certain que ceux-ci ne s'aviseraient guère d'aller en instruire l'autorité française.

Voilà comment, avec une police de caïds, les choses les plus intéressantes à savoir peuvent être étouffées. L'Algérie donne au monde l'exemple presque exceptionnel d'un peuple vainqueur, qui, pour constater les crimes et les délits, s'en rapporte aux vaincus.

J'ai lu, dans certains discours prononcés aux chambres, que les Européens ne s'écartent pas volontiers des centres de colonisation, et ne s'avancent que peu à peu dans l'intérieur des terres. On le comprend certes bien !

Avec le système de police en vigueur, il leur est presque impossible d'agir autrement. Lorsque c'est un Européen qui a été victime d'un crime, c'est le cas, ou jamais, pour les caïds et les cheiks de garder un silence agréable à leurs administrés. Lors même que pour ne pas s'exposer ils révèleraient le fait criminel en lui-même, il est toujours facile, ensuite, d'en protéger les auteurs, et de les préserver de la répression : il suffit, pour cela, de ne pas recueillir les preuves de leur culpabilité : on peut user ici d'une mollesse et d'une négligence méditées, tout en se vantant de son zèle. Qui pourrait dire de combien de vols de bestiaux, commis à main armée et à l'aide d'effraction, les colons ont été victimes, sans avoir jamais pu découvrir les coupables? Il faudrait les compter par milliers. L'audace terrible des malfaiteurs démontre trop qu'ils comptent sur l'impunité. Toujours au nombre de plus de quatre et quelquefois de dix, ils viennent, la nuit, percer dans les murs des étables des ouvertures de la grandeur des animaux à soustraire. Dérangez-les, ils vous tirent dessus. Le vol accompli, ils mènent les bêtes volées en ce complaisant territoire militaire, dont les immensités et les profondeurs n'ont pour le malheureux colon ni vestiges, ni échos.

Lorsqu'un indigène s'avise d'en voler un autre, ce qui n'est pas rare, la victime arrive souvent à découvrir le malfaiteur : les indigènes se surveillent assez bien entr'eux.

De même, lorsqu'un vol de bestiaux commis en territoire civil y est récélé, ce qui n'arrive presque jamais, il est difficile au voleur d'échapper à la recherche des gardes champêtres et des gendarmes, qui font bien leur devoir. Mais si vous êtes Européen, allez donc en territoire militaire mettre en mouvement une police naturellement hostile et paresseuse : il est clair que vous aurez grandes chances de n'y point réussir.

On peut dire qu'au point de vue des entreprises criminelles contre les colons, le territoire militaire n'est pas efficacement surveillé. Lorsque le gouvernement, décidé à remplir le premier de tous ses devoirs, entendra donner au Français, allant s'établir au milieu des indigènes, la sécurité dont chacun jouit partout ailleurs, il confiera la police du pays à des agents français.

Cette dernière innovation et celles qui précèdent donnent lieu à des réflexions qui conduisent à une de nos institutions françaises les plus importantes et les plus aimées.

Nous avons vu qu'il était nécessaire de supprimer les cadis, de soumettre les transactions immobilières, même entre indigènes, à la loi française, et nous venons de constater que pour protéger efficacement en territoire militaire les personnes et les propriétés, il fallait y employer des agents français. Mais les territoires militaires sont très étendus. Si les tribunaux qui jugent, les Procureurs de la République qui dirigent la recherche et la poursuite des délits, restaient éloignés des populations, comme ils le sont aujourd'hui, leur action perdrait presque toute sa force. Il faut donc placer de distance en distance, au milieu des pays indigènes, des représentants de cette justice supérieure, des magistrats chargés de surveiller le pays et de rendre à tous une justice sommaire et d'un facile accès.

C'est dire qu'il faut créer des justices de paix.

L'installation de cette magistrature par toute l'Algérie est le complément inévitable de toute amélioration sérieuse. Que la République s'empresse d'appliquer ces premières réformes et leurs conséquences, que nous allons déduire, et elle assistera au phénomène le mieux fait pour réjouir des âmes françaises : elle verra l'expansion immense et instantanée d'une population riche et heureuse, apportant à la métropole, dans des temps où cela paraît lui devenir précieux, un énorme accroissement de puissance.

CHAPITRE V

OU SONT DÉSIGNÉES LES PARTIES DE LA LOI MUSULMANE POUVANT ÊTRE RAMENÉES A LA LOI FRANÇAISE, ET PRÉVUES LES OBJECTIONS SUR LA SUPPRESSION DES CADIS.

Toutes les fois qu'il a été parlé de créer des justices de paix dans toute l'Algérie, les ennemis de la colonisation en ont rejeté la pensée avec une extrême énergie. On devait s'y attendre, leur apparition étant le signe certain de l'invasion de toutes nos institutions civiles.

Les objections regardées comme péremptoires étaient les suivantes : 1° à l'école de droit on n'apprend pas la loi musulmane : le juge de paix chargé de juger les Arabes blessera leurs notions de justice ; 2° les indigènes seront exaspérés de perdre leurs cadis.

Puis, arrivait la conséquence obligée : ces deux causes réunies susciteront des troubles.

L'étude de la loi musulmane à laquelle nous nous sommes livrés, et les considérations qui l'ont accompagnée, faciliteront la réponse à une argumentation qui, pour être courte, n'en demande pas moins une assez longue réfutation. Elle joue le rôle de bien des accusations qui se formulent d'un mot, mais dont on ne peut se défendre que par de longs discours ; c'est, du reste, l'effet que produisent ordinairement les arguments spécieux.

En ce qui concerne la première objection, je remarquerai que la science des magistrats ne consiste pas dans la connaissance impossible de plusieurs milliers de lois ;

mais dans des notions générales, qui leur permettent, en chaque matière, les recherches nécessaires pour réunir promptement les éléments d'une solution ; tel est le but des études faites à l'école de droit, et il est généralement atteint. Il leur faut, en outre, l'habitude d'appliquer leur jugement à terminer les litiges par des décisions conformes aux principes ; ils l'acquièrent avec rapidité par l'exercice continuel auquel la profession les oblige.

A ces deux points de vue, un juge de paix français sera toujours infiniment supérieur à un cadi. Les magistrats des tribunaux d'arrondissement n'avaient pas étudié le droit musulman, lorsqu'on leur attribua juridiction au second degré, afin de juger sur appel les jugements rendus par les cadis. On pouvait alors présenter la même objection qu'à l'égard des juges de paix. Cependant ces tribunaux ont très bien rempli leur mission; les Arabes viennent à eux avec pleine confiance, et sans l'influence locale, je veux dire celle des cadis, qui devient considérable lorsqu'ils sont d'accord avec les caïds, le nombre des appels arriverait à plus du double.

D'un autre côté, le législateur aura à décider s'il veut maintenir la polygamie, le mariage avec des enfants de 8 ans, la coutume en matière de succession et le droit illimité à la preuve testimoniale en matière civile. Si, rejetant les habitudes islamites, il règle toutes ces questions par notre droit civil, comme déjà il est obligé de soumettre la propriété à la loi française, que restera-t-il donc qui puisse embarrasser le juge de paix ? En supposant qu'il lui soit imparti la même compétence qu'au cadi, quant au statut civil, il n'aurait plus à s'occuper que des contestations sur divorce et répudiation. Or, la coutume sur ce point est d'une simplicité extrême, comme on a pu s'en convaincre lorsque j'en ai tracé les grands traits. Voilà plusieurs années que je suis les affaires arabes, et je n'ai jamais vu que les tribunaux de première instance aient eu besoin d'en savoir beaucoup plus long que ce que j'en ai dit.

Si même l'état persistait à accorder force de loi, je ne dis pas aux règles sur la polygamie et la preuve testimoniale, il est peu probable qu'il les maintienne, mais à celles relatives aux successions, le juge de paix ne serait pas beaucoup plus embarrassé. La coutume musulmane les règle, il est vrai, d'une manière assez compliquée. Cependant je garantis qu'il ne faudrait pas à nos magistrats plus de huit jours d'étude pour les posséder.

J'ajouterai même, pourquoi se préoccuper de ce sujet? L'expérience prouve que les tribunaux ne sont presque jamais saisis de procès où il s'agisse de répartitions compliquées entre héritiers. Outre que les indigènes, même les plus ignorants, connaissent leurs droits, on observe qu'ils s'arrangent presque toujours en famille, pour le partage de leurs héritages. Lorsqu'ils veulent se séparer, le cadi intervient, non comme juge, mais comme notaire ; il dresse inventaire, règle la part de chacun, et son travail n'est presque jamais attaqué. Or, nous verrons bientôt que dans chaque justice de paix il faudra un notaire, lequel étant un répartiteur plus intègre, plus scrupuleux, plus exact qu'un cadi, empêchera par cela même que le nombre de ces procès augmente.

Ajoutez que rien n'oblige à charger le juge de paix de terminer ces litiges : ils seraient tout aussi bien réservés, comme en France, aux tribunaux d'arrondissement ; je crois même que cela vaudrait mieux. On en tirerait, dans tous les cas, l'avantage toujours précieux de se rapprocher de la législation de la métropole.

Je ne vois même pas que l'intérêt de la bonne administration de la justice nécessite d'adjoindre un assesseur musulman au juge de paix. Si je l'admettais, ce ne serait que comme mesure politique, à titre provisoire, pendant deux ou trois années au plus. Je lui accorderais voix consultative, mais non délibérative, afin de ne pas exagérer son importance, et d'éviter les partages dans un tribunal qui, s'il en était autrement, serait composé de deux juges.

Si l'Etat fixait à 1,000 francs par an les appointements de ces auxiliaires, il me semble qu'il les rétribuerait largement. En supposant provisoirement que 60 justices de paix seraient nécessaires, la France sacrifierait donc chaque année 60,000 francs, pour calmer les appréhensions d'une opinion publique trop entretenue de la prétendue facilité des insurrections.

Ceux qui n'ont pas l'expérience des procès musulmans pourront se récrier, et critiquer cet amoindrissement du caractère des représentants de l'Islam dans l'action de la justice. Mais ceux qui ont vu dans l'exercice de leurs fonctions les assesseurs attachés à nos tribunaux, savent que dès qu'ils ont fourni les renseignements dont on a quelquefois besoin, ils ont rempli la plus belle partie de leur rôle : ils sont presque toujours sans influence sur la décision à formuler. Régler leur intervention comme je l'indique, ce serait simplement consacrer par la loi ce qui existe en fait.

Leur insuffisance ne vient pas seulement de ce que les Arabes ne montrent aucun goût pour l'étude ; elle dérive aussi de l'extrême imperfection de ce qu'on appelle avec trop de pompe le droit musulman. Les prétendus guides de ce droit, les jurisconsultes, dont les ouvrages sont quelque peu lus par les indigènes lettrés, s'étant montrés fantasques et illogiques, il n'y a pas à espérer que ceux qui les suivent leur soient supérieurs. A côté des Européens ils sont très faibles, et ils le sentent. Cela est cause que l'opinion de la majorité devient presque toujours la leur.

Hâtons-nous de le dire, il ne faut pas s'en plaindre ni le regretter. S'ils s'avisaient de vouloir être quelque peu clercs, et de connaître autre chose que la forme extérieure de leurs livres, ils tomberaient dans les arguties et les sophismes de leurs jurisconsultes ; en mainte matière alors ils amèneraient les juges français obligés d'appliquer leur loi, à respecter des doctrines contraires au bon sens.

Le droit musulman est en effet dans les détails ce que nous l'avons vu dans les principes généraux. Il est sage et rationnel toutes les fois qu'il se rapproche du droit des peuples civilisés, il devient absurde dès qu'il s'en éloigne. Les règles générales sont connues des indigènes, ils ont l'habitude de les suivre, on comprend qu'ils y soient arrêtés, et ne puissent s'en écarter pour venir à nous que peu à peu ; mais les solutions d'espèces dégénérant en minuties, en réglementations ridicules et arbitraires, ils les ignorent, donc ils ne les observent point. Si même ils les connaissaient, ils en éprouveraient, dans leurs moindres actions, une gêne trop insupportable, pour ne pas s'en écarter de propos délibéré.

Je désire que le lecteur en soit juge. Ouvrons au hasard leur jurisconsulte le plus recommandable : sidi Krélil, et lisons le texte qui se présente. Il traite de la vente, ce contrat du droit des gens qui ne devrait rien inspirer que de sensé ; or, il dit ceci : « Il est de principe essentiel « que la vente n'est licite que lorsqu'elle se conclut pour « des choses exemptes d'impureté. Ainsi on ne doit pas « vendre des ordures ou excréments, de l'huile qu'une « substance étrangère a souillée. On ne vend pas un « animal dont la chair est défendue, près de mourir, un « chien de chasse, etc. » — Un peu plus loin on trouve : « Il est de principe essentiel que la chose vendue n'ait « rien, même partiellement, qui la frappe de réprobation religieuse. » — Et un autre commentateur ajoute : « Ainsi la vente est nulle, s'il est vendu ensemble une « brebis tuée et un mouton mort. »

Que d'absurdités ! que d'entraves pour le commerce et l'industrie si ces prescriptions et tant d'autres du même genre devaient être suivies !

Ces défenses n'empêchent pas cependant que nous ne voyions tous les jours les Arabes ramasser dans les campagnes les ossements des animaux pour les vendre aux Européens : ils vendent tout ce qu'ils peuvent, tout ce qu'ils trouvent, et au moment de la famine ils faisaient mieux encore que de vendre les ordures des villes, ils allaient y chercher des aliments. C'était même un spectacle fait pour arracher des larmes aux plus durs, de voir des femmes et des enfants se succéder autour du même tas, s'y accroupir et y fouiller en même temps que des chiens.

La vie serait impossible aux indigènes s'il leur fallait s'arrêter à tout ce que la casuistique de leurs jurisconsultes leur interdit. Les cadis prétendent que les décisions contenues dans leurs ouvrages ont force de loi; mais ils sont loin de s'y conformer : ils n'en connaissent d'abord pas la millième partie, et ils les prennent ensuite autant comme instruments que comme régulateurs. Ils vont chercher, dans ce qu'ils sont parvenus à y comprendre, des arguments pour corroborer toute espèce de décision, selon leur bon plaisir. Il est amusant de voir quelquefois rapportées dans une même sentence les opinions du midjéles et du cadi en désaccord ; les dissidents se combattent par des citations qui mettent des auteurs divers, et souvent le même légiste, en flagrante contradiction.

Nos assesseurs musulmans font donc bien de ne pas se remplir la tête des élucubrations de leurs jurisconsultes. Le nombre des jugements sains rendus par les tribunaux d'appel dont ils font partie n'en est que plus grand.

Je les trouve même trop savants.

Que ne peuvent-ils oublier toute leur législation, la nôtre leur vaudrait beaucoup mieux ! Ils font preuve de trop de mémoire, en se souvenant de ce qu'ils appellent le droit de chefaâ, le habous, et un grand nombre d'autres coutumes qui leur sont nuisibles ; que n'ignorent-ils le passage du Coran où Mahommet enlève au capital la plus grande partie de sa merveilleuse puissance, en prohibant le prêt à intérêt ?

Notons, en passant, au sujet de cette dernière prescription, que ce peuple dépeint si austère, si rigoureux dans l'observation de sa loi, se montre encore tout autre qu'on veut bien le décrire : j'ai connu bon nombre d'Arabes qui prêtaient à la petite semaine.

Ainsi, plus on sonde le prétendu droit musulman, plus on voit qu'il n'aboutit dans les détails à rien de solide, de sérieux, de praticable et d'observé. Il n'offre de saisissable que quelques règles générales sur la famille, la propriété et les transactions ; mais elles ne sont elles-mêmes qu'une des variantes du droit primitif que la nature seule révèle, on les retrouve presque toutes à l'enfance des sociétés.

Il est donc impossible de s'appuyer sur la difficulté d'acquérir la connaissance d'un tel droit, pour repousser l'introduction des juges de paix au milieu des territoires militaires. Toute la législation musulmane resterait-elle debout, ces magistrats jugeraient, sans contredit, avec plus de bon sens que les cadis ; leur impartialité ferait la joie des indigènes, et je suis persuadé qu'ils auraient auprès d'eux le même succès que les tribunaux d'appel. J'ose dire que dans le monde judiciaire il n'est personne qui ne partage cette conviction.

Quant à l'effet produit par la suppression des cadis, il n'y a même pas à s'en préoccuper : des magistrats aussi violemment attaqués qu'ils le sont tous les jours, et traités avec un si profond mépris, ne sauraient être regrettés.

Il n'y aurait lieu, non plus, de les plaindre : ils ont fait assez de victimes, il est temps qu'ils succombent sous une réprobation méritée.

Si le jugement que je porte est aussi sévère, c'est que

je suis effrayé, et presque courroucé, des énormités que je découvre chaque jour dans leurs sentences. Sur cent jugements frappés d'appel dans une année, il y en a presque un quart du genre de ceux que je vais citer pour édifier le lecteur, et aussi pour le faire mieux pénétrer dans les mœurs indigènes. Je pourrais, sans faire effort de mémoire, en prendre une douzaine; mais ce serait trop long, je m'arrèterai à trois des plus récents. Inutile d'observer que ces exemples, recueillis au hasard, me sont fournis par des cadis différents.

Premier fait. — Un Arabe s'était absenté sans avoir payé sa part de contribution, qui était de 40 francs. Le cheik ne jugea pas à propos d'attendre son retour : il vendit sa maison pour 100 francs et paya l'impôt ; il n'y employa d'autre formalité qu'un acte de vente passé devant le cadi. Notre Arabe revenu, le voilà aussi malheureux qûe le pauvre bûcheron qui avait perdu sa cognée ; le bûcheron disait : rendez-moi ma cognée ; l'indigène s'écriait : rendez-moi ma maison.

Il fit mieux que de se répandre en vaines plaintes ; il attaqua le cheik devant le cadi : « Je vais payer, ici « même, les 40 francs pour lesquels je suis imposé, di- « sait-il, mais qu'on me rende ma maison : elle vaut « 500 francs. Puisque le cheik voulait me poursuivre, « il devait d'abord saisir ma mule et autres objets mo- « biliers que je possède ; la loi le veut ainsi. Il fallait au « moins vendre ma maison aux enchères publiques. »

Le magistrat indigène rendit un jugement où il ne reproduisit point la demande : il l'explique par ces simples mots : « Un tel s'est présenté parce que sa maison a « été vendue pour payer l'impôt. » Puis aussitôt il constate que le cheik prétend, sans en fournir la preuve, avoir rendu au réclamant les soixante francs qui étaient restés entre ses mains, et il le condamne à les lui rembourser. De cette manière, la revendication de la maison semblait n'avoir pas été la cause du débat ; il n'en ressortait qu'une demande en paiement de soixante francs; la décision semblait n'être pas susceptible d'appel.

Cela n'empêcha pas cependant l'indigène de s'adresser à la juridiction supérieure, et on conçoit que ce singulier jugement fut anéanti. Je dis anéanti, parce que l'appelant aurait dû actionner devant le cadi le tiers détenteur de son immeuble, lequel aurait appelé le cheik en garantie. Les règles de la défense et d'une incontestable logique, applicables chez tous les peuples, ne permettent pas de condamner un tiers à titre de détenteur ou pour tout autre motif, alors qu'il est absent et qu'il n'a pas été mis en cause. Annuler le jugement et renvoyer l'appelant à se pourvoir contre l'acquéreur de son immeuble était la seule solution possible : elle fût adoptée. Il n'en est pas moins vrai que voilà bien du désordre sorti de l'intervention même de deux autorités appelées à secourir et à protéger.

Deuxième fait. — Un indigène mourut il y a peut-être trente ans, ayant pour héritiers deux enfants : un fils et une fille. D'après la coutume, sa succession devait être partagée en trois parties égales, dont deux revenaient au fils et une à la fille.

Mais, de son vivant, ce père de famille avait encore amélioré la position de sa fille, au moyen d'un de ces actes nommés habous, dont nous avons expliqué les tendances. Suivant l'usage, il y avait inscrit que tous ses biens immeubles reviendraient à sa descendance par mâles, à l'exclusion de celle par les femmes, et que sa fille serait appelée, sa vie durant seulement, à jouir de la part qui lui était attribuée par la loi. De la sorte, elle n'était plus que l'usufruitière du tiers des immeubles de la succession, puisqu'elle n'arrivait à l'hérédité que pour un tiers.

Cela pouvait paraître dur à ses enfants si elle en laissait, mais ils n'en étaient pas moins tenus de respecter la volonté de leur aïeul maternel, ces sortes de dispositions ayant conservé toute leur valeur entre les membres d'une même famille appelés à hériter.

Cette femme mourut il y a vingt ans. Son frère fut plus heureux, si vivre est un bonheur : il est encore de ce monde ; c'est un vieillard à barbe blanche.

Au moment de la mort de sa sœur il bénéficia du habous sans difficulté : l'usufruit dont elle jouissait vint rejoindre la nue propriété. Elle n'avait d'autre héritier qu'un fils qui, paraissant aujourd'hui âgé d'au moins trente-cinq ans, devait en avoir plus de quinze, et être majeur lorsque sa mère mourut. Je rappelle que chez les indigènes la puberté est le point de départ de la majorité. Depuis le décès de sa mère, c'est-à-dire depuis vingt ans, ce jeune homme n'avait élevé aucune contestation au sujet de l'héritage de son grand-père maternel.

Mais, dans ces derniers temps, tenté peut-être par des circonstances qu'il croyait favorables, il se mit dans l'esprit d'attaquer son oncle devant le cadi. Il lui tint ce propos — vous avez gardé la plus grande partie du bien revenant à ma mère dans la succession de son père, qui était aussi le vôtre ; je représente ma mère, je succède à ses droits, rendez-moi cet héritage. — Le vieillard de répondre : — vous-voulez rire ; vous savez bien que mon père a haboucé ses biens au profit de sa descendance par mâles. — Je le nie répliqua le neveu. — Vous le contestez, s'écria la barbe blanche, eh bien ! que le cadi m'accorde un délai de quinze jours ; j'ai déposé à Constantine, chez un parent, l'acte qui le constate, je vais aller le chercher et je le produirai.

Le cadi ne voulut accorder aucun délai. Il avait une opinion faite, il s'était mis en mesure de juger. Il avait fait, depuis peu, un inventaire de la succession de l'auteur du habous, de cet indigène décédé depuis trente ans, et il y avait évalué la valeur du litige a 1,700 fr. Comment s'y était-il pris, pour établir ce compte ? ce serait difficile à dire : on est en droit de supposer qu'il fit cet inventaire à lui tout seul, ou, peut-être, sous la dictée du neveu, car la présence d'aucune des parties n'y est mentionnée. De plus, le vieillard attestait n'en avoir jamais eu connaissance ; il le tournait même en ridicule, disant qu'il y avait plus de vingt mille francs d'immeubles dans la succession, ce qui voulait dire : vous n'êtes pas conséquents; vous cherchez simplement à me mettre à contribution, autrement vous réclameriez près de sept mille francs.

L'acte de habous n'étant représenté et ne pouvant l'être, le cadi, sans se préoccuper de ces observations et sans accorder le délai demandé, condamna notre homme à payer les 1,700 francs inscrits dans son inventaire.

L'affaire fut portée en appel. Alors le condamné présenta son acte de habous : après vérification, contre vérification et examen approfondi du texte, de la forme, du papier, en un mot de tout ce qui pouvait prêter à interprétation, il fut reconnu inattaquable; il avait été dressé par le cadi de l'époque; il en portait le sceau : l'écriture était bien celle d'un grand nombre d'autres actes sortis de la même mahakma, sous le même cadi.

D'un autre côté, on a dû voir que les faits de la cause avaient leur signification.

Le jugement devait être réformé : il le fut.

Troisième fait. — Des indigènes, frères et sœurs, jouissaient depuis 50 ans, à titres de propriétaires, de deux morceaux de terre, qui avaient été achetés par un de leurs ancêtres. Les descendants du vendeur connaissaient la vente, et, si ce n'est directement, au moins comme héritiers, ils avaient profité du prix ; mais ce n'était pas, il paraît, raison suffisante pour les empêcher de convoiter ces biens.

Ils en appelèrent les propriétaires et possesseurs devant le cadi. Ils prirent pour prétexte qu'une de leurs parentes, sœur du vendeur, dont ils avaient hérité, avait exercé le droit de chefaâ une ou plusieurs années après la vente. Le but de l'action ne tendait à rien moins qu'à se substituer aux propriétaires actuels, sans bourse délier : on sait en effet que si la sœur en question avait réellement usé de son droit, et retiré les deux immeubles des mains de l'acquéreur, elle aurait été obligée de lui rembourser ses dépenses, à savoir le prix et les frais d'acquisition ; se prétendre, sans titre ni raison, aux droits d'un individu ayant exercé le droit de chefaâ, c'est donc tout simplement vouloir se substituer aux véritables propriétaires.

Les agresseurs avaient, en outre, à compter avec la prescription. Le cadi, exerçant juridiction, n'est pas arrêté comme nos juges français, par un grand nombre de ces règles de forme que la civilisation a rendues nécessaires, afin d'empêcher les surprises et de mieux garantir les intérêts ; il doit décider toute cause par le motif de droit décisif, il lui appartient de l'évoquer si les parties par ignorance, ou même volontairement, n'en parlent pas. Ainsi, dans cette circonstance, le magistrat français n'aurait pas eu la faculté de suppléer d'office le moyen de la prescription, tandis que cela rentrait dans les droits et même le devoir du cadi. Or les musulmans ont sur la prescription des usages qui se rapprochent beaucoup de notre loi. De même que chez nous, l'acheteur n'aurait pu prescrire contre son titre, s'il eût été vrai qu'il avait été annulé par l'exercice du droit de chefaâ, mais il n'en était plus de même de ses héritiers ; ils avaient trouvé un titre nouveau dans leur qualité, dans le droit en vertu duquel ils avaient été appelés à recueillir les héritages contestés, et ce droit remontait à cinquante ans environ.

L'attaque était, on le voit, plus que téméraire. Mais avec du courage, et cette réflexion qu'un cadi n'est après tout qu'un homme sujet à erreur, les indigènes ne craignent pas de courir les chances de pareils combats.

Les assaillants avaient naturellement leurs engins de guerre tout préparés. Ils consistaient en deux chiffons de papier jaunes, gras, malpropres, couverts d'une écriture en partie effacée ; l'un était sans date, l'autre portait celle de 1817. Les indigènes sont très habiles dans la fabrication de ce genre de documents, seulement on les reconnaît sans peine à ce signe, qu'ils sont toujours censés écrits de la main d'un taleb inconnu, et n'ayant pas, comme le cadi, un sceau à sa disposition. Les deux actes dont il s'agit étaient de cette espèce. Il se devine qu'ils établissaient clairement le droit chefaâ annoncé ; les parties du texte effacé ne contenaient, par bonheur, rien d'essentiel ; ceux qui les avaient conservés depuis tant d'années eussent été bien malhabiles, s'ils ne les avaient pas préservés dans les endroits importants.

Leur prévoyance eut le plus heureux résultat. Le cadi les trouva parfaits, bien probants. Ceux dont on attaquait la propriété eurent beau s'appuyer sur le contrat de leur auteur, que personne ne contestait, et s'écrier — ces pièces sont falsifiées ! si elles étaient sincères, nos adversaires nous auraient-ils laissés en possession depuis le jour de l'acquisition !

Le juge fut sourd. Il les condamna, oubliant d'examiner la question de prescription.

Mais les gens évincés vinrent en appel ; ils y trouvèrent des magistrats moins faciles à tromper. Il ne fallut pas, on peut le croire, longue réflexion au tribunal saisi, pour rejeter la solution du cadi trop candide.

Cette affaire me rappelle une décision analogue qui fut rendue il y a un an. Un cadi avait rendu un jugement où il déclarait un acte falsifié. Cependant six mois auparavant, procédant non plus comme juge, mais comme notaire, il avait reçu le dépôt de ce même acte, afin de le mettre au rang de ses minutes ; selon l'usage des cadis notaires, il avait dû en vérifier la sincérité ; il avait alors affirmé qu'après un examen scrupuleux, approfondi, qu'il le trouvait exempt de toute fraude et tout-à-fait irréprochable.

Si je ne croyais devoir abréger, je raconterais encore, avec détails, le fait récent d'un adel qui obtint du cadi, son propre chef de service, un jugement par lequel la propriété d'un immeuble lui était attribuée, en se fondant sur un acte supposé. Observez qu'un adel est tout à la fois greffier, témoin, assesseur et suppléant du cadi. L'exercice de cette fonction est donc incompatible avec l'état de partie en cause. Cependant l'affaire ayant été portée en appel, on s'aperçut que l'heureux plaideur sus-dit avait signé le jugement en sa qualité d'adel : voulant à toute force gagner son procès, il avait trouvé prudent d'être quelque peu juge en même temps que partie.

En voici assez, je l'espère, pour montrer de quelle manière les magistrats musulmans comprennent et appliquent les règles saintes de la justice. Je ne puis ne pas sourire, en songeant au scandale que causeraient en France deux ou trois jugements de ce genre, rendus par un de nos tribunaux. Je me demande quelle colère, quelle réprobation, quel mépris et quelle haine, ne soulèveraient pas contre eux ceux dont le ministère est de prononcer sur le juste et l'injuste, s'ils se rendaient, comme les cadis, journellement coupables de pareilles aberrations ; le personnel de la magistrature succomberait, sans nul doute, sous une clameur immense et générale ; pour satisfaire l'opinion publique, il serait nécessaire de provoquer des lois qui permettraient de le renouveler.

Heureusement nous n'en sommes pas là en France, et, s'il plaît à Dieu, nous n'y arriverons jamais. Ici, nous ne sommes qu'en Algérie, en territoire militaire et même civil, dans des prétoires indigènes. Mais est-ce à dire, pour cela, que ceux qui y siégent doivent s'y perpétuer malgré leurs fautes continuelles, leur ignorance et leur incapacité ?

L'administration militaire tient essentiellement à les conserver. Elle affirme que les indigènes leur sont très attachés : c'est à peu près comme si elle prétendait que le patient aime l'instrument qui sert à son supplice. Quelle que soit sa conviction, elle ne fera jamais croire que des justiciables soient satisfaits de ceux qui leur rendent la justice comme je viens de l'exposer. L'argumentation consistant à nier des faits évidents, pour leur en substituer d'autres très favorables à la défense d'une politique quelconque, n'est du reste pas nouvelle; c'est un excès où tombent la plupart des partis, même étant de bonne foi : l'ardeur du désir qui les transporte ne leur permet plus de discerner la vérité ; ils sont entraînés à voir toutes choses sous la forme et le jour favorables à leurs desseins.

Cependant,. ici, l'erreur est prouvée par les actes de l'administration elle-même. Sans les plaintes graves, incessantes et nombreuses des indigènes, elle n'aurait pas été amenée à soumettre à la signature du Souverain le décret du 13 décembre 1866. Certes, il fallut qu'elle fut bien embarrassée, et en présence d'un mal menaçant de devenir une calamité, pour condescendre à accorder à ces pauvres Arabes le droit de porter en appel, devant la juridiction française, les décisions de leurs cadis ! Qui ne voit combien cette réforme est en opposition avec l'idée dominante, préconçue et proclamée, que toute immixtion des Européens dans les affaires des musulmans n'est propre qu'à devenir une cause de troubles? Donc, que penser des plaintes qui rendirent cette réforme nécessaire? Je ne suppose pas qu'on y voie une marque d'attachement des indigènes pour leurs cadis, de même que je ne pense pas qu'on regarde les nombreux appels de leurs sentences, comme des signes d'approbation.

Outre les causes inhérentes aux cadis eux-mêmes, qui rendent profondément vicieuse l'action de la justice chez les musulmans, il y en a d'autres qui dérivent du système administratif ; quoiqu'elles soient secondaires, elles n'en ont pas moins une grande importance.

Ainsi, il n'est peut-être pas d'administration où l'unité d'esprit soit plus nécessaire que dans celle de la justice. A tous les degrés de la hiérarchie on y doit sentir le souffle inspirateur de l'intégrité et de l'impartialité indépendante. Ce résultat est atteint en France ; mais on y observe que cette unité de principes a marché corrélativement avec l'unité de direction, l'une aidant l'autre.

En Algérie tout change dès qu'il s'agit des magistrats indigènes. Les cadis relèvent à la fois du ministère de la justice et de celui de la guerre ; ils sont en même temps sous la surveillance du Procureur-Général et de l'administration militaire : sous l'influence de cette double action tout devient désordre, tiraillement, confusion. Ces juges si faibles, qui auraient tant besoin de se sentir sous la main d'une puissance régulatrice, habituée à l'application de la loi, capable de les maintenir avec fermeté dans son observation rigoureuse, sont ballottés par des courants contraires.

Les malheureux vont chercher des règles de conduite tantôt au tribunal, tantôt au bureau arabe ; mais, le plus souvent, c'est à ce dernier qu'ils s'adressent. Il leur inspire plus de confiance ou, sinon, plus de crainte : ils en dépendent, en effet, bien plus que du parquet. Auprès d'eux se tient le caïd, représentant de l'autorité militaire, toujours prêt à s'immiscer dans les affaires de la mahakma, pour peu qu'il y ait le moindre intérêt.

Autrefois, sous les Turcs, le cadi n'était presque que le secrétaire du caïd. Le droit de juger, chez les musulmans, est une des prérogatives du chef de l'Etat, qui la tient lui-même de Mahommet, dont il est représentant. L'extension de l'empire n'ayant pas permis aux successeurs du prophète d'exercer en personne la judicature et le gouvernement des provinces, ils se substituèrent des délégués ; ceux-ci se donnèrent à eux-mêmes, pour rendre la justice, d'autres délégués, qui prirent le nom de cadis. Donc, avant la conquête, le caïd était le délégataire en titre du Dey résidant à Alger ; chef suprême, il commandait les guerriers de la tribu, il disposait de toute force et il était le dispensateur de toute justice. Les caïds n'ont plus tout ce pouvoir, mais ils en ont gardé le souvenir.

Du reste, les pouvoirs des caïds, quant à la mise en mouvement de la force, étant restés presque les mêmes, ils tiennent encore, par le fait, les cadis sous leur dépendance. Ceux-ci peuvent rendre leurs jugements en toute liberté, cela est vrai, mais pour les faire exécuter, en cas de résistance, à qui s'adresseront-ils ? Ont-ils sous leur main des agents qui ont, comme nos huissiers, le droit de requérir la force armée ? Non. Ils n'ont d'autre ressource que de s'adresser au caïd, et d'implorer son assistance.

Je suppose le caïd hostile au cadi : qui aura raison au bureau arabe ? De toute nécessité ce sera le caïd ; c'est l'homme de confiance de l'administration militaire, elle ne peut le désavouer ; il répond de tout. Le taquiner, pour des querelles considérées comme des misères, serait impolitique. On le révoquerait plutôt ; mais alors il faudrait qu'il commît des fautes graves. Cette responsabilité immense du caïd simplifie énormément le rouage administratif. Les bureaux arabes ont constitué dans les tribus l'unité du commandement, comme à l'armée ; il y a, toutefois, cette différence, que l'armée est soumise à un règlement observé d'abord par les officiers, tandis qu'au milieu des tribus il n'y a qu'un effroyable arbitraire.

On reconnaîtra bientôt qu'il n'en peut être autrement, lorsque nous aurons été conduits par la marche de cette discussion, à expliquer l'énorme pouvoir dont le caïd dispose, et qu'il exerce presque sans contrôle.

Pour en revenir aux cadis, on sent que cette immixtion administrative dans les affaires de la justice produit le plus mauvais effet. Est-il permis d'espérer qu'un cadi aussi dépendant osera juger avec impartialité ceux qu'il suppose bien vus du bureau arabe, ou ceux, toujours nombreux, que le caïd favorise ? Et si ces deux seules autorités de la tribu, caïd et cadi, se soutiennent mutuellement, en vue de satisfaire leurs fantaisies ou leurs passions, que d'iniquités pourront être consommées ? Que de malheureux seront, si cela leur plaît, impunément sacrifiés à cette irrésistible entente !

Quelquefois ceux qui se plaignent arrivent, à force d'obsessions, à obtenir l'intervention bienveillante des chefs de bureaux arabes ; mais ici autre difficulté : ces militaires appelés à diriger la docile cohorte de leurs magistrats, sont-ils plus qu'eux au courant des règles de droit ? Je pourrais citer plusieurs exemples où on verrait que non. Leur profession ne les leur apprenant pas, il n'y a lieu, ni de leur en faire reproche, ni de s'en étonner ; mais il n'en est pas moins utile et même nécessaire, puisqu'ils font office de directeurs, de constater, dans l'intérêt des justiciables, cette inscience naturelle.

Dans certains cas elle devient la cause de faits judiciaires inimaginables, fantastiques. On va en juger :

Si les cadis sont véridiques, il n'est pas difficile de reconnaître, dans nombre d'affaires, l'ingérence du bureau arabe : ils ne manquent pas dans ces circonstances d'inscrire au préambule de leurs jugements une mention de ce genre : « Après avoir reçu l'ordre du grand et auguste chef du bureau arabe de tel endroit, d'examiner « tel différend, nous avons rendu le jugement qui suit. » — Or, dernièrement, un cadi, déclarant en cette forme n'avoir agi que par ordre, avait cité un autre cadi à son tribunal, à l'occasion d'un de ses jugements. Ce juge improvisé des faits et gestes d'un autre juge, dans l'exercice de ses fonctions, trouvait que son cher collègue avait très mal rendu la justice ; il allait même jusqu'à lui dire que s'il ignorait son devoir, d'autres le connaissaient pour lui ; bref, outrepassant même les pouvoirs d'un tribunal d'appel, il infirmait son jugement, comme ayant nui à la partie qui avait perdu son procès, et il le condamnait à la réparation du préjudice.

Le cadi ainsi maltraité interjeta appel : on vit, alors, la justice française, malgré sa gravité traditionnelle et professionnelle, ne pouvoir s'empêcher de rire.

Tous les bons esprits, même ceux qui ne se livrent pas à l'étude des lois, critiquent cette double surveillance ; ils la trouvent anomale, nuisible à la dignité de l'administration, en ce sens qu'elle prête à lui imputer des torts dont je ne la crois pas capable. Combien de fois n'ai-je pas entendu des gens s'écrier — les bureaux arabes ont intérêt à cacher les fautes des cadis. Si avant de soumettre à la répression criminelle ceux qui sont coupables, il ne fallait pas que le Procureur-Général eût l'agrément des hauts fonctionnaires de l'administration supérieure, on en verrait condamner un bien plus grand nombre. Un cadi, qui se sent protégé par son bureau arabe et qui vit en bonne intelligence avec le caïd de sa tribu, peut faire tout ce qu'il veut.

Quoique ce langage me paraisse exagéré dans sa première partie, je dois néanmoins relever un fait qui donnerait, jusqu'à un certain point, raison à ceux qui accusent les effets de l'accord entre le caïd et le cadi ; c'est la remarque souvent faite, que lorsque ces deux puissances de la tribu se traitent avec une réciproque amitié, ou seulement avec de mutuels égards, le nombre des appels des jugements du cadi est presque nul, tandis qu'il est au contraire considérable, lorsque leurs relations sont mauvaises.

Toutes ces raisons devraient suffire pour mettre hors de doute la convenance et l'opportunité de la suppression des cadis et de l'intronisation de la loi française chez les musulmans ; mais nous devons passer les limites d'une simple démonstration pour dérouter, s'il se peut, la ténacité et l'insistance de ceux qui repoussent ces réformes; ayant encore la possibilité de présenter d'autres observations, nous ne croyons pas devoir le négliger.

Ainsi nous voyons chaque jour ceux qui se vouent à la défense des cadis et des coutumes qu'ils appliquent employer des arguments faits pour surprendre les esprits; faisant vibrer, hors de propos, ce qu'il y a de plus sensible au cœur de la France généreuse : ils disent — un peuple civilisé doit être tolérant, il ne doit contrarier les populations soumises par ses armes, ni dans leurs mœurs ni dans leurs lois.

Argumentation subtile, basée sur un principe séducteur et presque toujours exact, pour arriver à des conséquences fausses et à des applications viciées.

D'abord, il n'est que très peu de principes humanitaires et sociaux qui soient d'une vérité absolue ; la plupart ne sont justes que selon les circonstances et les milieux. C'est le cas de celui qu'on invoque. De nation civilisée à nation civilisée, il est aussi sage que vrai ; mais il devient erroné de nation civilisée à peuple barbare. En arrivant aux sauvages, il conduirait à l'absurde : à tolérer, par exemple, l'anthropophagie si la France venait à occuper un pays peuplé de cannibales.

Si ces déductions fausses d'une si belle proposition réussissent à impressionner certains esprits, c'est que nombre d'individus qui composent les nations d'Europe, vivant presque heureux dans l'observance de leurs lois, s'imaginent que les autres peuples du monde sont semblables à eux. S'ils n'étaient pas satisfaits de leur législation, se disent-ils, ils la changeraient, comme nous ferions de la nôtre si nous n'en voulions plus. Ils croient que les coutumes ridicules, anti-sociales et souvent cruelles des Arabes, des nègres de l'Abyssinie et de tant d'autres populations misérables répandues sur la terre, font leur bonheur, et qu'il ne peut leur arriver rien de mieux que de toujours vivre de la même manière.

C'est une erreur naturelle à ceux qui n'ont jamais quitté leur heureuse patrie ; mais ceux qui ont voyagé pensent différemment.

Au fond même, cette croyance n'est admise que par irréflexion. L'indifférence en est la cause. Sans voyager et sans voir, en effet, il suffit de réfléchir sur des faits dont la connaissance est partout répandue pour discerner la vérité. Ainsi, lorsque des pays comme la Turquie et le nord de l'Afrique deviennent déserts, quel est l'agent destructeur du peuple ? C'est la misère : or, la misère assez profonde pour tuer, c'est le comble du malheur. Mais la cause qui la produit est-elle un mystère ? Non assurément ! Elle réside dans des habitudes et des lois funestes à l'activité des individus, à la sûreté de leurs personnes et de leurs biens. Prétendre alors qu'il faut tout faire pour les leur conserver, c'est dire qu'il faut prolonger leur malaise ou leur supplice, selon le cas.

Ceux donc qui, parlant de nos Arabes, s'écrient : respectez leurs coutumes, ne touchez pas à leurs lois, vous n'en avez pas le droit, — feraient mieux de dire : laissez-les devenir de plus en plus misérables, ils mourront de faim, il est vrai, mais nous n'avons pas le droit de les secourir. — En s'exprimant de la sorte, au moins, ils ne dissimuleraient pas la vérité.

Non-seulement c'est un droit, mais c'est aussi un devoir, pour une nation civilisée, de s'appliquer à améliorer la situation des peuples plus ou moins barbares, qui ont été soumis par ses armes. Lorsque de mauvais systèmes législatifs ou administratifs les écrasent, elle a à charge de les remplacer par de meilleurs.

La seule restriction à faire, c'est qu'il y doit être procédé avec prudence. Il convient de ne toucher aux institutions mauvaises qu'autant que ceux qui les observent y auront été suffisamment préparés : il faut éviter des brusqueries qui soulèveraient des résistances puissantes, et amèneraient de graves effusions de sang. Mais ce n'est pas à dire pour cela qu'il faille s'arrêter à des oppositions partielles, dussent-elles amener la perte de quelques individus. Craignons-nous en France de faire couler le sang pour réprimer l'émeute ? Le chirurgien hésite-t-il à amputer un membre afin de sauver la vie?

Ce ne sont jamais les renseignements propres à guider sur la marche à suivre qui font défaut ; elle est presque toujours tracée par les circonstances ; on l'aperçoit aisément, il suffit de ne pas détourner volontairement les yeux. Ainsi, en Algérie, nous voyons que l'assimilation à la France est depuis longtemps le vœu de la partie intelligente de la population, de celle qui comprend son intérêt, en même temps que celui des indigènes.

Ce qu'il y a d'étrange, c'est que ceux qui arrêtent l'essor de la colonisation, par la manière absolue dont ils proclament leurs prétendus principes, et la rigueur excessive avec laquelle ils les font observer, ne s'aperçoivent pas qu'ils deviennent plus musulmans que les musulmans eux-mêmes. Tandis que le statu quo est leur idéal, les Turcs et les Egyptiens secouent leur torpeur et se révolutionnent : ils étudient nos lois et le mécanisme de nos administrations afin de les importer chez eux. En Egypte, il vient d'être décrété que les Européens entreront dorénavant pour un tiers dans la composition des tribunaux, et que toute question non prévue par le Coran serait réglée par le bon sens ; en Turquie, le Sultan et ses ministres s'efforcent de régénérer l'empire épuisé, par la fusion des éléments chrétien et musulman ; ils ont placé toute leur espérance dans l'égalité des races et l'unité d'une législation améliorée.

N'est-il pas curieux de voir les Turcs et les Egyptiens plus progressifs que des Français. On vous l'eût dit, vous n'auriez voulu y croire, et pourtant vous voyez que cela est !

Heureusement, ceux de nos compatriotes qui professent de telles doctrines sont peu nombreux. Ce grand respect pour la loi musulmane, et cette vive sympathie pour les magistrats musulmans, ne se rencontrent guère que dans le personnel de l'administration militaire et ses amis. Mais cet esprit de conservation n'y eut pas toujours la même intensité : ce sont les actes mêmes de l'administration qui vont nous en fournir la preuve, en même temps que la dernière et peut-être la plus écrasante réfutation de sa doctrine.

Pour cela, nous allons prendre la loi musulmane telle qu'elle était avant la conquête ; nous constaterons les modifications que l'administration lui a fait subir, et ces modifications nous fourniront d'elles-mêmes la conséquence que j'énonce.

Et, d'abord, nous voyons Mahommet et les jurisconsultes s'occuper souvent des esclaves.

Si on réunissait dans l'ouvrage entier de Sidi-Khrélil les passages qui leurs sont relatifs, on en ferait un gros volume. Mais le 27 avril 1848, un décret du gouvernement provisoire de la République française abolit l'esclavage dans toutes les colonies. L'administration militaire dut être consultée. Nous ne doutons pas qu'elle émit un avis favorable à la promulgation de ce grand acte législatif ; on ne pourrait même, sans lui faire injure, supposer le contraire.

Enregistrons donc à son honneur, et, aussi, pour la suite de notre raisonnement, cette altération profonde de l'édifice légal des musulmans.

Mais elle n'était pas la première, et le gouvernement, guidé par l'administration, n'en était pas à son coup d'essai. La loi musulmane avait subi des transformations encore plus importantes : tout son système pénal avait été bouleversé : une ordonnance du 28 février 1841 avait édicté que toutes les fois que la loi française aurait prévu et puni un crime ou un délit, elle serait seule applicable.

La résolution de substituer ainsi notre Code pénal à la loi indigène était dangereuse et pouvait fournir matière à réflexion ; elle n'en fut pas moins prise et exécutée sans la moindre indécision : les conséquences possibles n'étaient pas alors un sujet soumis aux préoccupations du législateur. Cependant rien ne diffère comme notre système pénal et celui des musulmans.

Pour saisir l'esprit de ce dernier, il faut, comme en matière civile, remonter à l'origine des sociétés. Ainsi que chez les Gaulois et les premier Romains, la loi du talion et les compensations pécuniaires en forment la base : œil pour œil, dent pour dent, disent les commentateurs arabes ; et, à côté de cela, ils inscrivent la faculté pour le meurtrier d'échapper à la peine, en payant à la victime s'il y a mutilation, à la famille, s'il y a meurtre, une indemnité pécuniaire plus ou moins considérable. Rigueur excessive pour le pauvre, adoucissement sans limites pour le riche. La punition infligée à l'auteur d'un vol était d'une cruauté incroyable : on lui coupait la main droite. S'il retombait de nouveau et plusieurs fois dans la même faute, chaque fois on lui coupait l'extrémité de l'un des membres qui lui restaient ; enfin, lorsqu'il n'avait plus ni pieds ni mains, on songeait à le mettre en prison. Pour l'adultère et une multitude d'autres délits, les coupables étaient flagellés, soumis à la bastonnade, et souvent mis à mort. On devine que les Orientaux, suivant les instincts d'une cruauté trop connue, n'ont jamais été ménagés de cette peine irréparable, si justement repoussée par la philosophie moderne.

La suppression de ces coutumes barbares, et l'application aux indigènes de notre loi, rendaient nécessaire une diminution corrélative du pouvoir des cadis. Il était impossible de charger ces magistrats, déjà si faibles en droit musulman, de prononcer selon une loi qu'ils ignoraient complètement. D'ailleurs, les plaintes de leurs justiciables avaient révélé à leur charge un si grand nombre de fautes graves, que l'ordonnance avait autant pour but de les atteindre que de remplacer une loi détestable par une autre plus douce et mieux combinée: elle leur enlevait donc juridiction toutes les fois que la loi française devenait applicable. Nos tribunaux ordinaires, en territoire civil, et les conseils de guerre, en territoire militaire, étaient alors seuls compétents.

Toutefois, cette ordonnance leur laissait encore le droit de prononcer des peines excessives, même la peine de mort, dont la coutume islamite frappe ceux qui se permettent d'enfreindre certaines prescriptions religieuses ; il leur était encore permis d'être intolérants et cruels.

Leur loi, en effet, enjoint de mettre à mort celui qui commet ce qu'elle appelle le crime d'infidélité ; il suffit même d'une transgression infime pour encourir cette peine.

Nous lisons au commencement de Sidi-Khrélil les paroles suivantes, relatives à cinq prières que, selon le Coran, les musulmans doivent faire à différentes heures de la journée.

« Si un musulman refuse de faire une des cinq prières d'obligation divine, on le laissera différer, jusqu'à ce que l'heure réservée à cette prière étant prête à s'écouler, il ne lui reste plus que le temps nécessaire pour accomplir un reka, avec les deux prosternations qui en font partie. Il sera alors mis à mort par le sabre. Il en sera ainsi lors même que le coupable s'écrierait : — je vais faire cette prière. »

Des droits aussi exorbitants ne pouvaient être longtemps laissés à la disposition des cadis. Aussi, le 17 juillet 1843, une ordonnance royale fit défense aux tribunaux musulmans de prononcer la peine de mort, pour quelque cause que ce fût. Déjà, avant cette ordonnance, l'administration s'opposait, autant que possible, à ce que les magistrats indigènes usassent de rigueur contre ceux qui n'observaient pas rigoureusement leur religion ; elle ne cessa d'agir dans le même sens, même après cette ordonnance.

De nouveaux actes législatifs, ordonnances ou décrets, en même temps que des arrêtés du Gouvernement général, intervinrent encore pour réglementer, à tous les points de vue du service, le fonctionnement de cette magistrature, et amoindrir ses pouvoirs.

Enfin, le 31 décembre 1859, un décret Impérial compléta toutes les sages restrictions déjà existantes ; il soumit la juridiction des cadis à des règles fixes et précises ; il limita leur compétence au jugement des affaires civiles, accordant en même temps aux justiciables le droit d'appel contre celles de leurs décisions où la valeur litigieuse serait supérieure à deux cents francs.

Lorsque nous avons exprimé notre pensée sur la justice indigène, le lecteur a pu se demander si nous ne tombions pas dans l'exagération. Qu'il veuille bien lire les paroles suivantes, que nous trouvons dans le rapport adressé à l'Empereur, par M. le Ministre de l'Algérie, pour motiver ce décret de 1859, et il aura la satisfaction d'être édifié par une source officielle.

« Protégés par leur omnipotence, dit le Ministre, les « décisions des tribunaux musulmans ont donné nais« sance aux réclamations les plus vives ; plus d'une fois « les indigènes, dans l'impuissance où ils étaient de s'a« dresser à nos magistrats pour obtenir la réformation « des jugements de leurs tribunaux, ont fait retentir les « cours d'assises de leurs plaintes contre la corruption « de leurs juges. Des arrêts ont dû flétrir quelques-uns, « et si, dans quelques occasions, on n'a pas sévi autre« ment que par la destitution, c'est que, sans profit pour « les justiciables, on aurait déconsidéré une institution « à laquelle les Arabes étaient encore forcés d'avoir ra« cours. »

En vérité, en transcrivant ce langage d'un Ministre, nous nous apercevons qu'il est beaucoup plus digne d'attention que nous n'imaginions d'abord : il dit plus que nous n'avions osé. Si dans quelques occasions on n'a pas sévi autrement que par la destitution, c'est donc que même sous ce ministère, qui marquait un effort pour revenir au régime civil, il y avait des compromis avec la conscience publique ; pour ne pas l'effaroucher, des coupables restaient impunis : principe dangereux et corrupteur, que nous réprouvons de toute notre énergie. Mais laissons le principe et concluons, que si, même alors, on épargnait des juges prévaricateurs, à plus forte raison il en doit être de même aujourd'hui.

Nous remarquons aussi ces mots — on aurait déconsidéré une institution à laquelle les Arabes étaient encore forcés d'avoir recours — donc, déjà en 1859, les indigènes n'allaient à leurs mahakmas que comme contraints et forcés ; ils connaissent alors, comme aujourd'hui, l'impartialité de nos tribunaux, et ils les auraient de beaucoup préférés aux leurs. Mais nous ne prétendons pas autre chose ! C'est précisément ce que nous nous voyons obligés de démontrer en 1870, malgré qu'en 1859 le fait fut déjà avéré. Nous n'ignorions pas que déjà à cette époque il en fut ainsi, mais ce nous est une grande joie de le voir confirmer par une autorité à ce point haute et compétente ! Décidément, Monsieur le Ministre, nous nous rangeons sous vos drapeaux.

Après le décret de 1859, parut celui du 13 décembre 1866 actuellement en vigueur. Nous en avons discuté les dispositions dans un précédent chapitre.

Il ne nous reste plus, pour terminer notre énumération, qu'à la grossir de cette intervention particulière et isolée du législateur, ayant eu pour but de mettre un terme aux fraudes grossières et innombrables auxquelles donnaient lieu les actes de habous vrais ou falsifiés. Nous avons dit qu'autrefois leur production, après la consommation d'une vente d'immeubles avait la vertu de la faire annuler. Sans revenir sur cette explication, nous nous bornerons à remarquer que l'ordonnance du 21 octobre 1844 et le décret du 3 décembre 1858, qui ont remédié à cet abus, portent en plein sur une coutume où l'idée religieuse joue un grand rôle. Il fut sans nul doute très sage de ne pas s'arrêter devant des scrupules qui auraient favorisé les faussaires et les gens sans foi ; cependant cela ne doit pas empêcher d'observer que les Arabes tenaient beaucoup aux avantages qu'ils retiraient du habous. Je crois fort que la donation religieuse qui les termine toujours les touchait peu, mais qu'ils étaient très satisfaits d'y trouver un moyen de dépouiller leurs filles qu'ils n'aiment presque jamais à l'égal des garçons. Aujourd'hui même, l'existence des deux textes précités semble inconnue aux cadis ; souvent cette ignorance n'est pas feinte, mais elle l'est quelquefois.

Voilà donc, au jour présent, le tableau des métamorphoses subies par la législation de l'Islam. Nul ne méconnaîtra qu'elles sont profondes et même radicales.

Eh bien ! Placez en regard ce que la colonie demande : rigoureusement cela se réduit à la suppression des cadis, l'application de nos lois sur la propriété immobilière et la preuve testimoniale.

Or, je le demande, y a-t-il dans ces modifications de quoi troubler le législateur ? Que sont-elles auprès de celles déjà accomplies ? — Rien ou presque rien. Le plus fort n'est-il pas fait ? Voyez : la religion n'est pas touchée par la question de propriété, elle l'est à peine par celle du témoignage, et les cadis sont détestés ? Cependant, ce sont là les obstacles que l'on prétend insurmontables et devant lesquels on affirme qu'il est nécessaire, indispensable de s'arrêter ! C'est ce grain de sable à déplacer, dont on fait une montagne et qu'on décore du nom de loi musulmane ! Cela est-il sérieux ? N'est-il pas évident que l'abolition du habous, de l'esclavage, du talion et de la compensation était cent fois plus audacieuse ? N'est-il pas clair, enfin, que ceux qui soutiennent ces théories ne connaissent pas leur Algérie, fussent-ils administrateurs ?

La perpétuité des cadis, abritée sous les grands mots de respect à la loi musulmane, étant le pivot sur lequel s'appuyait la résistance à l'importation de toute réforme, on comprend que nous ayions été entraînés à de longs développements pour combattre cette subtile et fallacieuse argumentation ; mais c'était le plus fort de notre tâche : ce que nous avons encore à élucider nous demandera moins de peine.

CHAPITRE VI

DES JUSTICES DE PAIX ET DE LEURS ACCESSOIRES

Beaucoup d'Algériens supposent que le gouvernement ne pourra créer le nombre de justices de paix nécessaires en territoire militaire, sans être entraîné à de grandes dépenses : c'est une erreur. Nous allons voir, au contraire, que l'Etat, spéculateur honnête, y trouvera une source de bénéfices considérables.

Lors même que l'Etat ne ferait pas usage, dans l'installation elle-même de chaque tribunal de paix, d'expédients propres à le couvrir de ses dépenses, les conséquences générales en seraient tellement avantageuses, qu'il n'y aurait pas à hésiter sur l'avance des fonds.

Je m'appliquerais donc, si cela ne dépendait que de moi, à faire surgir au milieu des indigènes autant de justices de paix que cela serait nécessaire. Et qu'on ne s'inquiète : il en faudrait peu. Il en existe déjà un grand nombre en Algérie ; celles qui fonctionnent permettront de restreindre considérablement les créations nouvelles.

En effet, il est incontestable qu'un juge de paix étende très facilement son action et sa surveillance dans un rayon de cinq lieues ; dans le Sahara, où il y a de grandes plaines et une population peu dense, ce rayon peut être augmenté et porté à sept lieues et demi, huit lieues. Or, chacun sait que l'étendue des côtes répond à une ligne droite minimum de 275 lieues, et que la profondeur des terres labourables est en moyenne et au minimum de 40 lieues. Ceci posé, combien faudrait-il de justices de paix pour occuper tout le pays ? Il est facile de le dire : prenons pour le Tell 20 lieues de profondeur ; c'est beaucoup trop peu, mais plus tard on augmentera. Je formerai alors, en suivant la côte, deux lignes de carrés de 10 lieues de côté chacun ; je les trouve au nombre de 35. Il faudrait donc pour le Tell 35 justices de paix. Dans le Sahara, je m'arrêterai pour commencer à une profondeur de 15 lieues, et la division en carrés de 15 lieues de côté donnerait 12 justices de paix. En tout 47.

Observez que l'Algérie en possède déjà 44. — 16 dans la province d'Alger, 13 dans celle d'Oran et 14 dans celle de Constantine. Le périmètre des justices de paix des grandes villes, sièges de tribunaux d'arrondissement, ne saurait être étendu ; il y en a 9, laissons-les de côté. Mais celui des 35 qui restent pourrait l'être, et souvent d'une manière considérable. Quelques-unes, situées sur la côte ou près des frontières, pourraient être sans inconvénient reportées dans une position plus centrale, à l'intérieur des terres. Il faut reconnaître, enfin, qu'en tirant meilleur parti des anciennes justices de paix, le nombre des nouvelles serait très modéré.

Il est clair que dans tout ceci, je ne fais qu'indiquer le principe ; les circonstances en modifieraient l'application. La figure du sol serait surtout à considérer : dans les montagnes on restreindrait le rayon, on le ferait plus grand dans les plaines.

Aux endroits choisis pour l'installation de mes justices de paix, j'achèterais le plus de terre possible aux indigènes : mes acquisitions ne dépasseraient pas toutefois 5,000 hectares, et elles ne descendraient pas au-dessous de 2,000. Si les Arabes ne voulaient pas vendre, je les exproprierais pour cause d'utilité publique. Je donnerais, à ceux d'entre eux qui le demanderaient, de la terre ailleurs en échange de la leur.

Cela fait, si je ne trouvais aucune construction à ma portée, je bâtirais une grande maison. Il faudrait qu'elle pût contenir le prétoire, le greffe, une salle à usage de prison, le logement d'une brigade de gendarmerie, et, temporairement, celui du juge de paix, du greffier, d'un notaire, d'un interprète, d'un receveur de l'enregistrement et d'un géomètre. Je crois que ce sont là les seuls fonctionnaires ou agents dont la présence simultanée soit indispensable dès le début.

Si les indigènes du pays passaient pour être remuants, j'augmenterais le nombre des gendarmes et j'entourerais ma construction d'un mur crénelé.

Je tracerais, pour tout plan de la ville, une grande place où j'aurais l'emplacement d'une église. Tout au tour je tirerais quelques lignes au cordeau pour faire des rues. Pour aller plus vite, je ne formerais à l'avance aucun lot; j'attendrais les acquéreurs. Le plan serait déposé à la mairie du chef-lieu d'arrondissement le moins éloigné, et au bureau de l'enregistrement et des domaines créé avec la justice de paix. Il serait communiqué à tous les Européens qui voudraient acheter, soit de la terre à bâtir, soit quelques hectares dans la campagne. Je ne vendrais point aux Arabes, et je ne permettrais pas que la même personne acquît plus de six ares à la fois dans la ville, ni plus de vingt-cinq hectares dans la campagne. Ces vingt-cinq hectares seraient insuffisants s'ils devaient représenter toute la terre mise à la disposition des cultivateurs, mais n'oubliez pas que je suppose les lois sur la propriété individuelle déjà promulguées, et qu'il ne s'agit que de faciliter l'établissement des nouveaux venus, en attendant qu'ils fassent de nouvelles acquisitions en traitant avec les indigènes. Si, du reste, on trouvait plus sage de livrer quarante hectares au lieu de vingt, je n'y verrais aucun inconvénient.

Jugez si je ferais de bonnes affaires! Le prix de la

terre en pays arabe ne dépasse guère 20 francs l'hectare. Je sais des tribus où on le donnerait pour 10. Cependant je vendrais à coup sûr un are de terrain de la ville en moyenne plus de dix francs ; je suppose que j'y aie affecté cent hectares, leur vente rapportera déjà près de cent mille francs. De même la terre de la campagne serait payée beaucoup plus cher qu'elle n'aurait été achetée.

L'administration de l'enregistrement recevrait les enchères et passerait les ventes. Les plans seraient levés aux frais de l'acquéreur, sauf à être vérifiés par un géomètre de l'administration.

Il me semble que je puis déjà dire que les dépenses de construction nécessitées par la première installation seront couvertes, et au delà, avec le produit de la vente des terrains.

Lorsque le juge de paix sera arrivé, il rendra aussitôt la justice aux indigènes, le notaire l'accompagnant recevra les contrats, et le cadi sera remercié.

J'adjoindrai aux gendarmes des gardes champêtres indigènes qui resteront au dehors, et les aideront à faire la police des tribus ; ils seront sous la surveillance du maréchal-de-logis commandant la brigade de gendarmerie. Quant aux rapports du juge de paix et de la gendarmerie, ils sont déterminés par la loi ; je n'ai pas à m'en occuper.

Cette police permettra de ne plus avoir recours à celle des caïds. Nous verrons tout à l'heure que pour tout le reste ils seront encore inutiles. Leur suppression, jointe à celle des cadis, débarrassera le pays des deux seules autorités existant parmi les indigènes, et qui, sans le vouloir ni le savoir, contribuent puissamment au malheur de leur race.

A la vue de ce projet, on se demandera sans doute — le notaire pourra-t-il vivre ?

N'en doutez pas si vous prenez l'ensemble des deux

premières années : si au lieu de cela vous vous arrêtez au trois ou quatre premiers mois, il est indubitable qu'il ne devra compter que sur ses ressources personnelles ; aussi, n'est-ce pas de cette manière qu'il faut envisager la situation. C'est pourquoi je réunis deux années, étant convaincu qu'il aura recueilli à la fin de la seconde une ample compensation de ses sacrifices au commencement de la première. Je base mon appréciation sur l'énergie connue de l'activité individuelle : les acquisitions d'immeubles étant entourées des mêmes garanties qu'en France, je ne doute pas que le siége de chaque justice de paix soit, en moins d'une année, entouré d'une nombreuse population.

Je n'admets pas que le juge de paix et le notaire fonctionnent avant le dépôt au bureau des domaines du plan du village, de telle sorte que lorsque le notaire arrivera, il se verra déjà attendu pour prêter son ministère à des Européens, voir même à des indigènes, déjà accourus autour du nouveau centre.

Cela posé, il n'est personne qui puisse me contester que le plus bel avenir soit réservé à mes nouveaux notariats ; leurs titulaires s'enrichiront rapidement. Il suffit pour en être convaincu de voir que les notaires des centres de population les plus isolés, et où il y a peu de terre livrée à la colonisation, sont dans l'aisance. A Batna, par exemple, où je ne crois pas qu'il y ait avec les annexes plus de douze mille hectares de concédés, et où la moitié de la terre est de mauvaise qualité, maigre et sèche, on voit un notaire fort heureux : étant arrivé pauvre, il y a douze ans, d'un village quelconque de la Normandie, il est aujourd'hui presque riche. Or, comparez la source de sa fortune, sa base d'opérations, avec celle de celui qui serait placé au point central d'un carré de dix lieues de côté, ce qui veut dire, entouré de 250,000 hectares devenus la propriété individuelle accessibles à toutes les transactions territoriales ! Quel avantage pour ce dernier ! — Qu'on ne s'inquiète donc pas de son existence, et qu'on ne se préoccupe point de son avenir ; il est aussi beau qu'il pourrait le désirer.

Je ne recommencerai pas pour le greffier de la justice de paix des explications qui seraient les mêmes que celles que je viens de donner pour le notaire. J'observerai, seulement, que ce fonctionnaire reçoit de l'Etat un petit traitement qui lui facilitera l'attente d'un temps meilleur dont il aura l'assurance.

L'huissier attaché à la justice de paix sera dans les mêmes conditions que le notaire : je n'ai non plus rien à en dire.

Quant au géomètre, puisqu'il serait appointé par l'Etat, je n'ai point à m'occuper de ses moyens d'existence. Toutefois, je constaterai qu'il sera à tout moment appelé par les particuliers, ils devront alors l'indemniser de son déplacement et rétribuer son travail : bientôt il s'enrichira. Tous ceux que j'ai connus étaient dans l'aisance.

Il est vrai que dans les douars qui n'ont pas été visités par les commissions délimitatives il sera, en commençant, obligé de donner presque tout son temps à l'Etat ; car, agissant de concert avec le receveur des domaines, il aura à rechercher les azels et les terres en déshérence, et à lui seul incombera le soin de les mesurer ; mais ce travail sera aisément terminé dans chaque canton à la fin de la première année.

Si le siége des nouvelles justices de paix était placé, comme la raison et l'humanité le commandent, dans des endroits salubres, on ne peut imaginer avec quel entrain on y verrait accourir les capitaux et les travailleurs. Que le plan soit déposé et que la gendarmerie se construise, aussitôt des Maltais achèteront de la terre du village pour y bâtir des maisons et des magasins. On peut compter sur ces estimables commerçants, dévoués à la conservation et à la propagation des épices, pour approvisionner de toutes denrées alimentaires le village naissant.

Aujourd'hui les Algériens se disputent, je l'ai déjà dit, la terre avec une ardeur incroyable. Malgré toutes les difficultés et les dangers qui nuisent aux acquisitions des terres melk situées en territoire militaire, l'armée des acquéreurs s'est déjà ébranlée ; je sais des tribus, éloignées de quinze lieues de tout centre européen, où on a acheté jusqu'à deux mille hectares. Il est facile de prévoir que le jour où la propriété individuelle sera constituée, une grande partie du sol de l'Algérie changera de maître. Bien des propriétés passeront des mains des Arabes dans celles des Européens, pour le bonheur des premiers : les Européens les feront vivre, les conduiront, les dirigeront dans ce combat de la vie qu'ils désertent lorsqu'ils sont livrés à l'arbitraire de leurs caïds et, dans une certaine mesure, de leurs cadis. Ce grand mouvement accompli, l'abondance sera répandue dans tout le pays : le retour des famines ne sera plus à craindre.

CHAPITRE VII

RÉSULTATS PRATIQUES DE LA CRÉATION DES JUSTICES DE PAIX. SUPPRESSION DES CAÏDS.

Nous avons dit comment, par la hausse seule des terrains, l'Etat trouverait une compensation aux dépenses d'installation des nouvelles justices de paix. Il importe d'ajouter que le traitement de leur personnel serait couvert, à peu de chose près, par les sommes affectées aux appointements des cadis supprimés. Les mahakmas coûtent peu il est vrai. Le cadi seul y est appointé, et il ne reçoit que 100 francs par mois; mais, en compensation, l'Algérie en est remplie. On en compte 183. En supposant que les créations des tribunaux de paix s'élèvent au nombre maximum de 30, il est aisé de constater, par un calcul très simple, que 30 juges de paix coûteraient 39,000 francs de moins, par an, que 183 cadis. Ces 39,000 francs, étant appliqués à la rétribution des interprètes et des greffiers, l'Etat n'aurait que peu de chose à ajouter, environ 30,000 francs, à ce qu'il déboursait pour les cadis.

En outre, rien que par le fait des Européens, la perception de l'impôt sur le timbre et l'enregistrement sera plus considérable, et elle ira chaque jour en augmentant. Mais si, comme nous l'avons proposé, on soumet chaque plaideur arabe au paiement de la moitié des droits qui seraient à la charge d'un Européen, ou si on les met simplement sur le même pied, l'Etat fera d'énormes bénéfices : je serais bien surpris, si, à la fin de la première année, il ne se trouvait pas avoir placé son argent à cent pour cent ; je ne parle pas des années suivantes qui amèneront des résultats de trois, quatre et cinq cents pour cent, et même beaucoup plus. Que j'aimerais à voir cette heureuse et irréprochable usure, ce signe assuré de la richesse et de la prospérité du pays

Mais ce ne sont là que des détails sur lesquels il est inutile de s'appesantir. C'est surtout par rapport à l'impôt proprement dit, à la sûreté générale, à la surveillance et à l'administration des indigènes, que le partage de l'Algérie en cantons rendra d'immenses services.

Tout d'abord, la réforme de l'impôt arabe, inutilement demandée jusqu'à ce jour, deviendra facile. On sait que cet impôt, dont la nature est mobilière, se prête aux abus les plus regrettables. Les deux parties les plus importantes en sont l'*achour* et le *zekkat :* le premier atteint les récoltes des grains ; dans les temps primitifs l'Etat en prélevait le dixième, d'où lui vint le nom d'*achour ;* le second porte sur le bétail ; on sépare les espèces, et le contribuable est imposé dans chaque espèce, à raison d'un animal par un nombre de têtes déterminé. Il est impossible d'imaginer un système d'impositions plus instable, plus difficile à répartir équitablement et à percevoir dans son intégralité.

Or, avec la division de l'Algérie en justice de paix ou cantons, cet impôt sera remplacé, sans aucune peine, par l'impôt foncier. L'administration des Contributions directes, qui ne peut, en ce moment, pénétrer dans les territoires indigènes, en trouvera les portes toutes grandes ouvertes ; elle aura, au siége de la justice de paix, un lieu d'installation pour ses employés et des renseignements en abondance pour son service ; ses contrôleurs connaîtront bientôt toutes les propriétés et tous les propriétaires.

Cette assertion ne semblera pas exagérée si on veut bien se souvenir du décret dont nous avons parlé, par lequel les terres *arch* seraient assimilées aux terres *melk*. Nous avons déjà dit, en parlant de ce décret, combien les notaires seront utiles, non à l'établissement de la propriété individuelle, puisqu'elle résultera de la loi, mais à la fixation des limites de chaque propriété, et à la constatation du droit de ceux qui se prétendent propriétaires.

Cependant, voici dans les contrôleurs des agents dont l'intervention sera peut-être plus efficace encore : en effet, les fourberies dont beaucoup d'indigènes ont l'habitude, feront bien que quelques-uns s'efforceront de vendre, même devant notaire, des terres sur lesquelles ils n'auront aucun droit, tandis que le jour où les contrôleurs se rendront au sein des douars, et rassembleront les *djemaâs* afin de répartir l'impôt, personne ne s'attribuera une propriété dont il ne jouira réellement pas, dont il ne sera pas le véritable maître : c'est qu'alors il s'agira de payer et non plus de recevoir. Si nous nous trouvions en présence d'Européens on pourrait craindre qu'il en fût autrement. Ceux-ci ont la vue longue; et beaucoup accepteraient volontiers le rôle d'imposé, dans l'espérance de disposer ensuite de la chose sujette à imposition. Mais avec les Arabes cela n'est pas à craindre; leurs ruses s'étendent peu au delà de l'effet immédiat; payer d'abord, pour ne recevoir en échange qu'une espérance, n'est pas ce qui pourrait leur sourire. Leurs maîtres en friponnerie comme en brigandage sont semblables aux carnassiers : ils aiment une proie saisissable sans délai; s'ils manquent l'occasion, ils n'y songent plus et tâchent de se pourvoir ailleurs.

Il est donc certain que les contrôleurs recevront des *djemaâs* des renseignements précis. Avec les méthodes de constatation, vérification et contre-vérification dont ils ont l'habitude, les erreurs seront nécessairement peu nombreuses.

Observez aussi que toutes les administrations se touchent et s'entr'aident. On sent alors que les agents des domaines seront éclairés sur les droits de l'Etat, non seulement par les notaires, comme nous l'avons déjà dit, mais encore par les contrôleurs.

Tel sera l'heureux effet de l'introduction dans toute l'Algérie de l'une de nos institutions civiles, celle présidant à la justice, qu'elle préparera la voie à toutes les autres. Il en aurait été de même si, avant d'attaquer la réforme judiciaire, on s'était attaché à celle de l'impôt.

Cela démontre que ce n'est pas sans raison que nous prenions, il y a un instant, les mots : justices de paix et chefs-lieux de canton, comme synonimes, ainsi qu'on le fait en France. On voit qu'il serait impossible de rester dans les limites de simples justices de paix, la force des choses devant faire presque immédiatement surgir le chef-lieu de canton, à l'endroit où chaque juge de paix aura son siége.

Déjà, grâce à certaines lois et à la présence des notaires, nous avions montré que le grand problème de la propriété individuelle se réduit à fort peu de chose. Mais ce n'était pas assez ; l'administration des contributions directes vient encore aider à sa solution. Ainsi plus nous avançons, plus le chemin s'aplanit : de la sorte s'évanouissent ces difficultés aussi vaines qu'extraordinaires dont on prétendait entraver cette œuvre fondamentale.

Le jour où l'impôt foncier sera établi il deviendra impossible à un indigène d'échapper au paiement de sa quote-part, comme il arrive trop souvent aujourd'hui : s'il disparaît avec sa tente et ses troupeaux, sa propriété saisie et vendue paiera pour lui.

On dit que l'impôt mobilier perçu sur les Arabes ne produit que quinze millions. Par l'imposition de la terre à raison d'un franc ou d'un franc cinquante centimes par hectare, ce rendement sera aussitôt dépassé. Songez, ensuite, à ce que rapporte en France la contribution foncière, et nous aurez un aperçu de ce qu'elle doit rendre un jour en Algérie.

Une assiette et une perception régulière de cet impôt feraient cesser les souffrances et les plaintes amères des Arabes, dévorés par un arbitraire effrayant. Ce qui leur reste de haine contre la France tomberait alors de soi-même.

Par rapport à la sûreté générale, les observations qui se présentent ne sont pas moins satisfaisantes.

Les personnes les moins initiées aux affaires de l'Algérie ne sont pas sans avoir remarqué que les révoltes, disons plutôt les insurrections partielles, ont toujours eu lieu à de grandes distances des centres habités par les Européens. Dernièrement encore, il fallut que nos troupes parcourussent des distances de deux à trois cents lieues pour atteindre au désert des tribus appelées dissidentes : à bien considérer, ce n'étaient que des agglomérations peu considérables de maraudeurs et coureurs de frontières, qui profitaient de la facilité de se réfugier au Maroc pour piller nos tribus isolées, absolument comme nombre de malfaiteurs volent en territoire civil et se sauvent en territoire militaire.

Lorsque les tribus kabyles se sont insurgées, on a toujours vu qu'elles habitaient certains groupes de montagnes, qui, comme les Babors, sont à plus de vingt-cinq lieues de tout village européen un peu important.

Au contraire, dans les parties même montagneuses, où il y a une population européenne quelque peu dense, occupant des villages séparés par des distances relativement peu étendues, on n'entend jamais parler d'insurrection. Ainsi dans le parallélogramme compris entre Philippeville, Constantine et la frontière tunisienne, les montagnes se succèdent presque sans interruption ; les bois, les broussailles et les roches en garnissent les crêtes. Les indigènes y trouveraient de grandes ressources pour la résistance, leur guerre étant celle des tirailleurs, qui projettent leurs feux derrière les moindres abris ; mais cela n'y fait rien. Les Européens y sont en grand nombre, des liens d'intérêt se sont formés entre eux et les indigènes, et ces derniers, autant par crainte que par l'habitude d'utiles relations, n'ont jamais cherché à se soulever.

Quelle est donc la conclusion imposée par ces faits, si ce n'est que le plus sûr moyen de pacifier le pays, d'obtenir une soumission absolue des indigènes, est de fonder au milieu d'eux des villages européens.

Mais ce sont là des vérités vieilles comme le monde. Les Romains maintenaient les peuples dans l'obéissance par les colonies, autrement dit les villages qu'ils fondaient chez eux. Tous les historiens ont signalé ces principes; les publicistes qui ont écrit sur le gouvernement des hommes n'y ont pas manqué non plus. Montesquieu ne parle que de cela. Et Machiavel dit : « l'un des meilleurs et plus efficaces expédients, pour conserver un « pays, serait que celui qui l'acquiert allât y demeurer. « Cela rendrait la possession plus assurée et plus durable : témoin le Turc qui, en dépit de tous les moyens « employés par lui, n'aurait jamais conservé les pays « grecs, s'il n'était allé y habiter. »

Aussi, lorsque par un renversement désastreux de toutes les règles, le gouvernement militaire loin de créer des villages au milieu des Arabes, se mit à les isoler, empêchant les Européens, même les gendarmes, de pénétrer dans leur pays, les colons ressentirent une irritation profonde : rendus attentifs par l'intérêt le plus légitime à tout ce qui se passe dans la colonie, ils s'aperçurent aussitôt de la faute. Partout et dans toutes les occasions possibles ils se récriaient, disant : — Voilà des mesures qui choquent le bon sens et qui vont à l'encontre de la plus simple logique. L'administration prétend avec son procédé arrêter les insurrections : mais, au contraire, elle les ménage. Ayant toutes les facilités possibles d'éteindre le feu, elle préfère ne le couvrir que de cendre, pour avoir le plaisir de le voir se raviver au premier coup de vent.

Puisque les colonies ou villages constituent le moyen pratique et efficace par excellence de pacifier un pays conquis, créons des justices de paix, et au besoin d'autres centres européens, dans les parties où les indigènes sont portés à la rébellion : ce faisant, nous n'aurons plus de révoltes.

Les avantages que nous venons de passer en revue profiteraient surtout aux Européens. Mais nous allons nous placer à un point de vue intéressant les indigènes d'une manière exclusive.

Les justices de paix entraîneront, sans délai, la suppression des caïds : quel bonheur pour les malheureux Arabes !

Peu de personnes savent jusqu'où s'étend le pouvoir d'un caïd. Afin que nul n'en ignore, nous allons passer en revue ses prérogatives.

Il est bon d'observer, d'abord, que ce chef est dans la dépendance la plus absolue du pouvoir militaire ; il est le très humble serviteur du chef du bureau arabe dont il dépend. Il sait que d'un mot celui-ci le fera révoquer quand il le voudra, et il est toujours prêt à lui manifester sa soumission avec toutes les exagérations du servilisme oriental. Mais il sait aussi que ce supérieur est débonnaire. Et en effet, il n'arrive au grade de chef de bureau qu'après un long apprentissage qui lui a appris à connaître les imperfections du génie arabe : aussi, il en tient toujours compte. Pour peu que les caïds fassent à peu près leur devoir, ce qui consiste surtout à faire rentrer l'impôt et à réprimer le brigandage et l'esprit de rébellion, il se tient pour satisfait : il les gène le moins possible dans leurs allures administratives : ce n'est qu'à regret et avec une certaine circonspection qu'il s'immisce dans leurs rapports avec leurs administrés. Il ne semble pas qu'il lui soit désagréable que ces chefs si petits devant lui fassent à la tribu tout ce qu'il leur plaît : le froid et le chaud, le calme et la tempête.

Cette sujétion des caïds ne peut être que fort douce, comparée au gain que rapporte la fonction : sans compter que l'exercice d'un pouvoir presque sans limites est la chose la plus propre à flatter l'orgueil musulman.

Excepté juges et notaires, ils sont tout le reste, comme autrefois. Il y a seulement cette différence tout à l'avantage de leur omnipotence, c'est qu'à l'abri des bayonnettes françaises, ils ont moins de ménagements à garder au milieu de gens élevés dans la haine de tout ce qui n'est pas islamite, et qui sont rendus crédules par leur intolérance passionnée, ils peuvent toujours faire retomber sur les chrétiens l'irritation produite par leurs injustices personnelles; ils n'ont qu'à dire qu'ils ont agi par ordre.

Leur prérogative la plus importante est peut-être celle relative à l'impôt. Ils le répartissent entre les individus et ils le font payer. Supposant ce pouvoir circonscrit seulement à l'impôt régulier perçu par l'Etat, il est déjà considérable. N'est-il pas effrayant pour un contribuable de voir l'appréciation de ses ressources livrées à l'arbitraire d'un seul individu ? Si le caïd le fait pauvre, quoiqu'en réalité il soit riche, il paiera peu ; mais s'il le fait riche, alors qu'il est pauvre, il paiera beaucoup.

Ce n'est pas tout. Je suppose qu'après avoir été surchargé il paie : il semble qu'il devrait, dès lors, être à l'abri de toute réclamation. Hélas ! il n'en est rien ! Il ne reçoit pas de quittance. Si le caïd, soit par inimitié, soit par oubli, toutes choses possibles parmi les hommes, prétend le faire payer deux fois, que répondra-t-il ? Comment justifiera-t-il de sa délibération ? Il pourrait, il est vrai, se plaindre au bureau arabe, mais le caïd y aura toujours raison : plus les administrations sont autoritaires, plus elles sont portées à s'en rapporter à ceux qu'elles ont revêtus du pouvoir. Or il n'est lieu, au monde, où le principe de l'autorité ait plus d'énergie qu'à l'armée.

Ce sujet est pourtant grave. Un impôt mal assis et arbitrairement perçu ferait soulever toute la France. Tout ce qui touche les finances est chez nous et avec raison l'objet des vérifications les plus minutieuses, des contrôles les plus sévères : ainsi pour l'impôt foncier, le plus important de tous et qui répond à l'impôt arabe, nous voyons les employés qui le répartissent et ceux qui le perçoivent tout-à-fait indépendants les uns des autres ; aucune connivence n'est possible entre ces agents, qui, tout en relevant du même ministère, opérent comme s'ils appartenaient à deux administrations distinctes.

De plus, grâce à la publicité donnée au travail des contrôleurs dans chaque commune, le contribuable sait longtemps avant de payer pour combien il est imposé; nul ne peut le tromper : il se rend compte par lui-même. S'il se croit surchargé ou victime de quelque illégalité, il attaque devant des tribunaux spéciaux l'évaluation du contrôleur. Enfin, lorsqu'il paie, il reçoit une quittance: celui qui prétendrait ensuite le faire payer une seconde fois serait bien reçu!

Non-seulement ces mesures préservatrices de l'imposé ont été prises lorsqu'il s'agit de l'impôt foncier, mais en toute autre matière on les retrouve : s'il s'agit de redevances communales, nous y voyons même publicité et voies de recours analogues; enfin, le commerçant qui doit subir des droits de douane sait que sa marchandise n'est frappée d'un impôt qu'en vertu d'une loi ; il connaît le tarif qu'elle a fixé; il peut, à l'avance, faire lui-même son compte. Des règles analogues sont appliquées aux octrois.

Heureux seraient nos indigènes, s'ils jouissaient de toutes ces garanties! Mais ils n'en ont pas même l'ombre.

Si, déjà, pour la répartition de l'impôt régulier, l'Arabe

dépend de la volonté plus ou moins capricieuse de son caïd, demandez-vous jusqu'à quel point il lui est soumis, lorsqu'il s'agit de redevances momentanées. Ainsi, lorsqu'un officier supérieur voyage dans les tribus pour un service quelconque, les caïds doivent l'héberger ; mais la dépense de cette hospitalité, d'autant plus dispendieuse que l'officier est d'un grade plus élevé, est-elle à leur charge ? Non sans doute ! Ils ne sont pas si sots que de l'entendre ainsi ! Ce sont leurs administrés qui fournissent tout, jusqu'au moindre poulet. On dit même qu'ils ont du bonheur si, lorsqu'il n'en faut qu'un, on ne les oblige pas à en donner dix. Lorsque les troupes traversent le pays, les Arabes sont soumis à ce qu'on appelait autrefois des réquisitions ; ils doivent fournir leurs mulets et, au besoin, assister les convois de leur personne : c'est encore le caïd qui les désigne.

Il y a beaucoup d'autres circonstances où les indigènes voient tomber sur eux, à l'improviste, des impositions passagères et imprévues ; il nous serait impossible de les désigner toutes : nous devons avouer que quinze années de séjour en Algérie n'ont pas suffi pour nous apprendre tous les mystères du territoire arabe. Seulement, comme exemple, je citerai le fait suivant.

Cette année même, il n'y a pas plus de quatre mois, j'allais voir la ferme d'un de mes amis, située à quelques kilomètres de la ville où je réside. Quoi qu'il eût pris un fermier, parce qu'il ne pouvait s'occuper lui-même d'une grande exploitation, il s'était réservé un pied à terre et un grand jardin ; il était fier de ses produits, et, pour lui, le désir de les montrer, non moins que pour moi la curiosité de les voir, avaient causé ce petit voyage.

En ce moment les sauterelles poussées par le vent, avaient fait invasion dans le pays. Aussitôt la matière requérable et imposable à volonté avait été appréhendée. Les Arabes furent arrachés de leurs champs, et contraints d'aller détruire les insectes malfaisants dans les endroits où ils se montraient. Je ne dis point que les intentions des administrateurs militaires, de qui émanaient les ordres, ne fussent pas excellentes ; mais l'arbitraire et le despotisme frappent toute chose de stérilité : à côté du bien il y avait le mal ; or voici ce que j'entendis dire par le fermier et mon ami causant ensemble.

Mon ami. — De quel côté sont les sauterelles ? Sont-elles loin ?

Le fermier. — Elles sont à l'est, dans la tribu du caïd Hamed.

Mon ami. — Est-ce que la troupe y est venue ?

Le fermier. — Non. Elle est sur la propriété de M. Paul, qui a été envahie : ce sont les Arabes qui y sont.

Mon ami. — Mais nous sommes maintenant en pleine récolte de l'orge : comment vont faire ces malheureux si on les empêche de récolter et de protéger leurs propres champs ?

Le fermier. — C'est leur affaire. — Il se tut un moment, comme un homme qui pense à quelque chose, puis il ajouta — C'est égal, ce n'est pas étonnant qu'ils deviennent riches tous ces caïds ; les krammes du caïd Hamed continuent à récolter pour lui, pendant que les autres pauvres diables du pays sont obligés de chasser les sauterelles de son terrain.

Mon ami. — Est-ce qu'ils se sont plaints ?

Le fermier. — Oui. Il y en a même qui ont refusé d'une manière absolue d'abandonner leurs récoltes ; ils ont d'autant plus d'intérêt à les presser que les sauterelles peuvent tomber chez eux d'un moment à l'autre ; mais le commandant supérieur a dit qu'il n'y avait aucune réclamation à écouter, qu'il fallait contraindre les récalcitrants, sans quoi il n'y aurait plus de discipline.

Mon ami en riant. — Ils sont charmants avec leur discipline !

Cette courte conversation s'arrêta sur ces mots ; elle n'en suffirait pas moins pour donner à réfléchir.

Quand même les caïds seraient les plus honnêtes gens du monde, comme il est certain qu'ils règlent le service des divers impôts sans contrôle, il en résulte qu'ils pourraient impunément commettre toutes les injustices que nous avons signalées ; ils auraient beau ne s'en rendre pas coupables, cela suffirait pour qu'ils en fussent tous les jours accusés ; les cultivateurs n'en vivraient pas moins dans la méfiance. C'est malheureusement la pensée qui les domine, la règle qui les dirige. A quoi me serviront labours et semences, se disent-ils, si un caïd inique et malveillant m'enlève la récolte.

Avec ce raisonnement un peuple s'habitue à la paresse ; bientôt une incurie irrémédiable le dévore. Il ne travaille plus que pour vivre au jour le jour ; ses greniers ne s'emplissent d'aucune réserve pour parer aux années mauvaises : elles arrivent, il meurt de faim. Les campagnes restent dépourvues de leurs habitants ; et des contrées que le travail était appelé à vivifier, à rendre resplendissantes de toutes les beautés dont la main de l'homme embellit la nature, n'offrent plus que des solitudes, et ne rappellent que des pensées de misère et de mort. Tel est le spectacle que présente mainte partie du territoire militaire.

Vienne le jour où un impôt équitablement réparti, régulièrement et honnêtement perçu, rassurera les indigènes !

Ainsi que nous l'avons dit, chaque caïd est responsable vis-à-vis du bureau arabe du bon ordre dans sa tribu : il lui incombe de réprimer toute espèce de désordres ; surtout ceux qui, prenant un caractère général, feraient douter de la bonne administration du bureau. Mais pour exiger beaucoup de lui, il fallait le revêtir d'un grand pouvoir et lui donner le moyen d'écraser toute résistance. L'administration militaire n'y a pas manqué. La oi martiale contenait à cet égard des enseignements qu'il était facile de suivre. Sans songer que cette loi n'est supportable que parce qu'elle s'applique à des masses temporairement enlevées à la vie civile, elle en a fait l'application pure et simple aux indigènes : de même qu'un officier ou un sous-officier envoie un soldat à la salle de police, sans en délibérer autrement qu'avec sa volonté, de même le caïd frappe *ad libitum* les indigènes de son commandement d'amendes de 25 francs qu'il perçoit lui-même ; il dispose de tous moyens correctifs, y compris la prison, pour vaincre la résistance de ceux qui, non contents de protester, oseraient refuser de payer.

Ces amendes sont instituées par une circulaire en contenant règlement ; elle est datée des 12 et 20 février 1844. Le maréchal Bugeaud en est l'auteur.

Quoique portant le nom modeste de circulaire, ce document n'en a pas moins la puissance d'un acte législatif. Ses dispositions, rassemblées sous le nom de règlement des amendes, sont toujours la règle : voici la teneur intéressante des articles 2 et 3.

« Art. 2. — Les caïds peuvent imposer des amendes « jusqu'à concurrence de cinq douros français (vingt- « cinq francs), pour les fautes ci-après :

« Refus de comparaître devant la justice, soit comme « accusé, soit comme témoin ; — refus d'obéissance aux « ordres des cheiks ; — insultes ou injures contre les « agents du pouvoir, tels que les mekhraznias, chaouchs, « etc. ; — atteintes à la morale publique ; — querelles et « rixes entre les particuliers ; — discours séditieux et « termes de mépris tendant à déconsidérer les agents du « pouvoir ; — désordres dans les marchés ; — infrac- « tions aux coutumes établies relativement à l'hospitalité « à accorder aux voyageurs et notamment aux agents « du gouvernement ; — empiètements aux droits de « pâturage ; — atteintes portées à la propriété com- « mune, telles que la destruction des arbres fruitiers, « la dégradation des puits, etc.

« Art. 3. — Quand le caïd jugera qu'il y a lieu d'im-
« poser une amende pour les faits ci-dessus, il écrira
« une lettre revêtue de son cachet, indiquant la cause de
« l'amende, sa quotité et la personne qui doit payer.
« Elle sera envoyée au cheik qui la montrera à celui
« qui doit payer l'amende, recevra l'argent, et le re-
« mettra au caïd sans en rien garder. Le caïd inscrira sa
« lettre et l'argent reçu sur le registre qu'il aura à tenir
« conformément à l'art. 21, et il en rendra compte à la
« fin du mois, au commandant français, comme il sera
« dit art. 22. »

Il serait trop long de relever toutes les observations que ce texte peut fournir. On remarquera seulement le passage où il est dit que le condamné paiera à la vue de la lettre du caïd seulement : il la verra, mais il ne la gardera pas. Voilà de l'argent perçu sans qu'il en reste trace ! Qu'on dise que les autorités militaires ne sont pas prudentes et habiles quand elle rédigent un texte servant de loi !

On observera aussi que rien ne limite le droit accordé au caïd ; il peut frapper le même individu plusieurs fois dans une seule semaine; continuer derechef pendant les semaines qui suivront : chaque fois il agira dans l'exercice le plus parfait de ses pouvoirs ; il n'aura aucun contrôle à redouter. Avec ce joli moyen de compression, admissible peut-être en 1844, mais déplorable aujourd'hui, le caïd tient une seconde fois toutes les existences entre ses mains ; il les avait déjà par l'impôt, et voici qu'une législation interlope sur les amendes les lui donne une seconde fois. Ainsi point d'issue pour celui qui déplaît : s'il échappe d'un côté, on le ressaisit d'un autre.

Il est vrai que le caïd doit rendre compte au commandant français des amendes qu'il inflige; mais outre qu'il peut en oublier un grand nombre, faut-il répéter qu'il est l'homme de confiance de l'administration. Le malheureux arabe, qui n'en ignore, a toujours à craindre, s'il ose se plaindre, d'attirer sur sa tête de nouveaux coups.

Ceux qui n'aiment pas que les fonctionnaires soient exposés à la tentation de mal faire, regretteront de voir des amendes perçues par ceux-là même qui les ont prononçées. On comprend trop à quels abus cela peut conduire. Les précautions infinies de nos lois fiscales démontrent que le législateur a connu toutes les méfiances alors qu'il traçait des règles à des employés français : serait-ce un crime de les éprouver lorsqu'il s'agit de fonctionnaires arabes ? Peut-être dans certains bureaux arabes on répondrait, oui ; mais les personnes sensées diront toujours non.

Le règlement que nous discutons aurait été incomplet s'il ne s'était occupé que des caïds. C'est pourquoi dans les articles qui suivent ceux que nous avons cités, on voit qu'il est donné aux aghas la faculté de prononcer, toujours arbitrairement, des amendes de 50 francs. Ce pouvoir s'élève jusqu'à 100 francs pour les califas ou bach-aghas, et il arrive à 500 francs pour les commandants français. Toutefois, ces derniers fonctionnaires n'usent presque jamais de leur droit ; ils laissent ordinairement aux caïds le soin d'infliger ces peines.

Lors même que ces amendes seraient prononcées avec justice et modération, il resterait toujours effrayant de constater la distance qui existe entre de telles lois et celles qui régissent les peuples civilisés. Je voudrais voir que l'on y soumit les Européens ; je me demande quelle serait la durée du gouvernement qui prétendrait les maintenir, et si le peuple se ferait faute de crier à la barbarie ! Et, en effet, ne sont-ce pas là des textes dignes des peuples barbares ? Dans les temps voisins de la conquête, leur utilité se fit peut-être sentir, mais il y a longtemps qu'ils auraient dû être abolis !

Ces attributs des caïds font le désespoir des indigènes.

Mais l'administration ne peut les leur enlever sans démolir tout son système : du jour où les caïds ne seront plus régulateurs et collecteurs d'impôts, en même temps que répartiteurs d'amendes, ils ne seront plus rien ; la fonction sera virtuellement supprimée parce que le titulaire n'aura plus rien ou presque rien à faire. Ceux qui les accusent d'infidélité dans le maniement des fonds publics ajoutent, que les sources de leurs bénéfices étant alors taries, ils ne pourraient plus vivre. Ils font, à ce propos, l'observation que la fonction de caïd n'est pas rétribuée par l'Etat.

Or la création des justices de paix à compétence étendue en territoire militaire, conduit justement et *de plano* à retirer aux caïds leurs deux redoutables attributions.

Supposez, en effet, un juge de paix officier de police judiciaire auxiliaire du procureur de la République, représentant d'une justice dont les Arabes reconnaissent les avantages, exerçant autour de lui sa surveillance dans un rayon de cinq lieues, soutenu d'ailleurs par une brigade de gendarmerie et au besoin par tout ce qui constitue la force armée, aidé par des gardes champêtres indigènes, et demandez-vous à quoi serviraient pour le maintien de l'ordre les caïds qui seraient conservés dans ce canton. Vous répondrez d'abord, à rien. Et si, de plus, vous connaissez bien l'Algérie, vous trouverez qu'au lieu d'être utiles ils pourraient nuire. Voilà donc déjà qu'il serait convenable de supprimer des pouvoirs attachés à la fonction, la partie qui intéresse la tranquillité publique.

Mais quant à ce qui regarde le service des impôts, il est encore plus clair qu'ils seraient remplacés avec non moins de bonheur que de succès par des agents du ministère des finances, résidant au siége de la justice de paix. Nous leur retirons donc, encore, cette autre prérogative qui contribue si fort à leur importance, et, comme nous venons de le dire, l'emploi a dès lors cessé d'exister.

On dira, mais si les caïds sont supprimés et si nul fonctionnaire n'habite au milieu des douars, comment saura-t-on ce qui s'y passe ? Nous répondrons, comme on le sait en France : par les habitants des douars eux-mêmes, lorsque leur peu d'importance les rend semblables à nos hameaux ; par les habitants et par des cheikhs qu'ils éliront, lorque les douars seront populeux : le cheik remplacera le maire de nos communes présidant au maintien de l'ordre public.

J'ai vu fonctionner ce système avec succès lorsque, en 1860, les territoires civils situés entre Bône et Philippeville étaient très étendus. Le juge de paix de Jemmapes se transportait quelquefois non pas à cinq, mais à dix lieues de sa résidence, le long du Cap de Fer, pour aller constater des crimes perpétrés dans les tribus.

Le juge de paix présent, le caïd disparaissait; le droit de rechercher les crimes et les délits et d'en réunir les premières preuves échappait de ses mains : le magistrat vigilant ne s'en rapportait plus à lui. Comme, d'un autre côté, les bureaux arabes civils surveillaient de près l'impôt, n'en ayant que des fractions minimes à faire rentrer, les caïds faisaient triste mine : ce n'étaient plus que des cheiks.

Observons, quant aux atteintes aux personnes et aux propriétés, qu'il en est de l'Algérie comme de la France : tout crime ou tout délit grave y est aussitôt connu par les autorités compétentes. Il y a toujours un ou plusieurs particuliers blessés dans leurs personnes, leurs droits ou leurs affections, qui courent implorer le secours de la justice.

Il est à noter que le soin de veiller à l'ordre public sera presque la seule occupation du cheik. Car il ne faut pas s'imaginer qu'il soit possible de constituer un douar, si fort qu'il soit, en commune.

Les vieux Algériens qui ont vu l'administration militaire se livrer à cette amusante entreprise se sont mis à rire.

C'est qu'en effet les Arabes vivent dans leurs douars absolument comme les animaux sauvages qui parcourent en groupe les plaines de l'Amérique. La commune européenne a des chemins vicinaux, des frais d'employés pour l'état civil, des dépenses d'éclairage, une église et sa fabrique, des égouts, des écoles, un communal et une multitude d'autres causes de dépenses, qui nécessitent des impositions particulières, utilisées sur place et à raison desquelles il faut une administration spéciale ; mais les Arabes n'ont rien de tout cela.

Leurs voies de communication sont des sentiers suivis par leurs mulets ; aucun d'eux ne s'avisa jamais d'en déranger une grosse pierre : le voyageur tourne autour. Comme ils n'ont pas de voitures et n'en veulent point avoir, ils font leurs transports au moyen de leurs bêtes de somme. Au moment de l'émigration des tribus du Sahara vers le Tell, on les voit passer près de Batna, conduisant à travers les plaines leurs chameaux chargés de leurs femmes, leurs enfants et leurs biens.

Dans le Tell même, le douar, mobile comme les dunes du désert, apparaît tour à tour sur le versant de la montagne, dans la vallée ou dans la plaine.

Les tribus ne se rapprochent de nos communes que par un point : ce sont leurs terres de parcours, qui répondent à nos communaux. Mais est-il nécessaire, pour la garantie de ce seul intérêt, de créer une administration compliquée analogue à celle de nos communes ? Il est évident que non.

On le voudrait qu'on n'y parviendrait pas. Tâchez, par exemple d'astreindre ces prétendues communes à la tenue des registres de l'état civil : vous verrez les omissions de toute nature, et quelquefois volontaires dont le secrétaire indigène se rendra coupable. Jamais vous n'arriverez à constater les naissances, les décès et les mariages, que par l'emploi de fonctionnaires français. Et, encore, dans le commencement, ils seront obligés de se faire renseigner par les agents de la police : le public arabe ne les aidera en rien et négligera les déclarations prescrites.

Les campagnes d'un peuple autrefois religieux jusqu'au fanatisme devraient être remplies de mosquées : cependant elles y sont inconnues, il n'en existe que dans les grandes villes. Qui plus est, dans celles que nous avons fondées, comme Philippeville, Sétif, Batna et bien d'autres, ce sont les Français qui ont bâti les temples où vont prier les Arabes. Ils n'ont dans la plaine immense d'autre coupole que le ciel, d'autre parquet que la terre nue ou des nattes de jonc ; les plus riches s'agenouillent sur des tapis.

Ce sont aussi les Français qui leur ont construit des colléges et des écoles ; mais il n'en existe que dans les plus grandes villes, aux chefs-lieux des provinces. Dans les tribus, des talebs, ou savants improvisés, vont de tente en tente initier, dans l'art d'écrire la langue, leurs amis, ou ceux qui leur offrent une rémunération quelconque. Le seul inconvénient que j'y vois, c'est que les professeurs auraient très grand besoin de prendre d'abord des leçons.

Enfin on égaierait fort les gens des tribus si on leur proposait de les éclairer la nuit.

Il est donc évident que ceux qui mènent une existence aussi simple n'ont pas besoin d'une administration communale. Aussi, il est arrivé que l'administration militaire, pour relever les indigènes aux yeux des Européens, ayant voulu faire croire qu'ils étaient capables de constituer des communes, n'a fait que rendre pire leur sort déjà malheureux : elle n'est parvenue qu'à les charger de nouveaux impôts et à augmenter ainsi les moyens d'oppression des caïds.

Il suffit pour s'en rendre compte de parcourir l'arrêté de M. le Gouverneur général de l'Algérie où est organisée l'invention des communes arabes.

On remarque, d'abord, que les communes uniquement composées d'indigènes, désignées sous le nom de communes divisionnaires, ont de droit, pour maire, ou administrateur, le commandant de la subdivision : c'est-à-dire que pour l'administration rien n'est changé. Il fallait bien qu'il en fût ainsi, puisque, comme nous venons de le dire, la commune arabe n'a pas sa raison d'être.

Mais cela ressort encore bien mieux de l'énumération des dépenses. On y voit :

1° L'acquittement des dettes exigibles. — Paroles vides de sens : des gens qui ne dépensent rien en commun n'ont pas de dettes à contracter ;

2° Les frais d'administration et de perception des droits et revenus de la commune. — Mais la commune n'ayant pas de revenus, voilà des frais qui se réduisent à zéro ;

3° Les prélèvements autorisés, remboursements, restitutions sur ces produits. — Où sont ces produits ? Toujours zéro ;

4° Les traitements des agents employés à un service de surveillance et de police. — On a vu que cette surveillance est une des principales attributions des caïds ; ils savent bien l'exercer sans solder un service de police ; un nouvel impôt pourrait sortir de cet article, ce serait tout son avantage ;

5° L'entretien des mobiliers des bureaux arabes et des hôtels des commandants de subdivision et des cercles. — Ceci n'est qu'une évolution d'impôt : ou les Arabes payaient cette dépense, et leur sort n'est pas changé ; ou elle figurait au budget de la guerre, et, alors, on le dégrève pour charger les Arabes.

Des observations toutes semblables se présentent au sujet des n°s 6, 7 et 8 qui suivent. Il y est question de la nourriture des pauvres voyageurs indigènes, de celle des condamnés et de l'assistance publique. Jusqu'alors ces dépenses avaient été prises sur l'impôt arabe ordinaire.

Dans les nos 9, 10, 11 et 12 qui terminent la nomenclature, le texte s'occupe en premier lieu des dépenses relatives à l'instruction publique et à l'entretien des mosquées : ce sont deux choses, avons-nous dit, inconnues dans les tribus. Il prescrit, en second lieu, l'entretien des élèves indigènes dans les écoles, le paiement des frais occasionnés par la justice musulmane, l'achat et l'entretien des étalons des tribus, et enfin, l'entretien des travaux faits. On voit, de suite, qu'il n'est jamais entré dans le système des tribus arabes de nourrir gratuitement des enfants qui sont envoyés dans des écoles ; y seraient-ils disposés, que notre intervention suffirait pour les en empêcher. Les frais de la justice musulmane rendue sous la tente sont tellement insignifiants, que le cadi les supporte toujours sans se plaindre. Nous comprenons peu l'intervention des étalons dans un régime communal ; et enfin, les travaux faits étant nuls, leur entretien est nul aussi.

En définitive, toute cette réglementation est de la pure fantaisie ; la plupart de ces dépenses réunies à grand peine dépendent de l'impôt général ou départemental, et n'ont jamais fait partie des redevances communales. Commune arabe ou commune divisionnaire sont des mots vides de sens ; ils n'ont été imaginés que pour dérouter une opinion publique qui se lasse de voir toujours de pauvres indigènes arbitrairement commandés. Derrière des mots nouveaux et des imaginations nouvelles on a voulu dissimuler la chose, mais elle n'a pas changé. Les Européens ne se laisseront jamais prendre à de pareilles mises en scène.

Plus on étudie ce sujet, plus on est convaincu que rien n'est déplacé comme de vouloir établir des points de similitude entre la tribu ou le douar indigène, et la commune française. Étant constaté que les Arabes n'ont besoin de rien de ce qui constitue celle-ci, il est d'une sage administration de les laisser vivre comme ils l'entendent. Serait-il juste de leur imposer des charges dont ils n'auraient pas les bénéfices ?

Lorsque le pays sera divisé en justices de paix, le siége de chaque justice de paix deviendra en moins de deux ans, le centre d'une commune importante. Les douars situés dans le canton seront tout simplement des hameaux dépendants de la commune. Leurs terres de parcours seront tout à la fois sous la protection de la commune et de l'autorité administrative : le seul intérêt commun entre les habitants d'un même douar sera suffisamment garanti.

Bientôt les Européens s'établiront en grand nombre au milieu des tribus. Cette pacifique invasion changera peu à peu la face des choses. Des villages surgiront dans lesquels l'élément indigène ne sera pas sans importance : ils ne s'en constitueront pas moins en commune. Les Arabes subiront alors leur part des charges et ne s'en plaindront pas, parce que les Européens les auront entraînés à modifier leur genre de vie. Déjà, cela se passe ainsi partout où des communes françaises apparaissent ; il n'y aura rien à y changer.

En vérité, lorsque des choses sont si simples et ont été depuis longtemps, je dirai même dès le début, expérimentées, n'est-il pas pénible de voir qu'elles ont toujours été impitoyablement empêchées.

CHAPITRE VIII

ADMINISTRATION MILITAIRE OU ADMINISTRATION CIVILE.

Nous avons ici pour objet d'examiner à qui, de l'administration militaire ou de l'administration civile, la direction des réformes que nous avons énumérées serait utilement confiée.

Notre réponse est prévue : toutes nos préférences sont pour l'administration civile.

L'administration militaire a fait ses preuves : non-seulement elle ne colonisera jamais l'Algérie, mais elle opposera toujours des obstacles à sa colonisation.

D'où cela vient-il ?

D'une raison toute simple : de ce qu'elle y a un intérêt contraire. Elle ne peut coloniser sans disparaître. Un pays colonisé est un pays peuplé d'Européens, et cette population repousse de la manière la plus absolue l'intervention de l'autorité militaire dans ses affaires administratives ; elle dit avec sagesse : à chacun son métier.

Un gouvernement ne peut commettre une plus grande faute que de préposer à la direction des affaires ceux qui ont intérêt à ce qu'elles ne marchent pas.

Il y a un axiôme de droit dont l'application embrasse le monde ; il s'énonce ainsi :

L'intérêt est la mesure des actions.

Si vous tenez à la réussite d'une entreprise, n'y attachez jamais que des personnes qui seront avantagées par son succès. Il n'y a pas de principe plus élémentaire que celui-là.

La colonisation de l'Algérie est une entreprise comme toutes les autres. Elle n'en diffère, peut-être, que par l'extrême facilité d'y réussir ; pour cela, les moyens se présentent d'eux-mêmes. Mais, par contre, il est tout aussi aisé de la faire avorter ; il n'y a aucun effort de sagacité à y employer : le mal se voit toujours vite.

Placée entre ces deux courants contraires, l'administration militaire aurait choisi le premier, si elle avait eu de l'intérêt à le suivre ; mais elle a préféré le second, parce qu'elle y trouvait son profit : la nation devait le prévoir. Il est vrai qu'il était presque impossible de rendre la colonisation profitable et par conséquent agréable à une administration composée de soldats. Alors la France n'avait qu'un moyen d'y remédier : c'était de les remplacer par des administrateurs civils. Elle ne l'a pas fait : il est arrivé ce qui était inévitable, elle a payé sa faute : sa colonie lui est restée presque improductive entre les mains ; et tant qu'elle ne le fera pas il en sera de même.

Quelqu'un pourrait me dire — comment comprenez vous l'intérêt ? Vous ne parlez que de l'intérêt personnel ; mais il y a un autre intérêt tout aussi puissant : c'est celui de la patrie. On doit même lui sacrifier tout le reste. Le plus grand et le seul intérêt de la France étant de peupler la colonie d'Européens, il est impossible de croire que l'administration militaire n'y ait pas appliqué tous ses soins.

A cela je répondrais — Hélas ! mon cher Monsieur, si vous saviez combien je voudrais que vous eussiez raison ! Mais vous faites les hommes très généreux, vous les voyez à votre image sans doute, mais de cette image à la réalité il y a loin. Non-seulement lorsque l'intérêt personnel agit, la plupart des hommes perdent de vue l'amour de la patrie, sentiment assez vague lorsqu'il n'est pas surexcité par un péril imminent et général ;

mais ils méconnaissent même l'idée de justice, quoiqu'elle soit toujours présente à nos esprits. Ce n'est pas moi seul qui vous le dis ; je le sais d'un plus habile. Lisez l'extrait suivant des lettres persanes, vous verrez ce qu'en pense Montesquieu.

« La justice est un rapport de convenance qui se « trouve réellement entre deux choses ; ce rapport est « toujours le même, quelque être qui le considère, soit « que ce soit Dieu, soit que ce soit un ange, ou enfin que ce « soit un homme.

« Il est vrai que les hommes ne voient pas toujours « ces rapports ; souvent même lorsqu'ils les voient ils « s'en éloignent, et leur intérêt est toujours ce qu'ils « voient le mieux. La justice élève sa voix, mais elle a « peine à se faire entendre dans le tumulte des pas« sions.

« Les hommes peuvent faire des injustices parce qu'ils « ont intérêt de les commettre, et qu'ils aiment mieux « se satisfaire que les autres. C'est toujours par un re« tour sur eux-mêmes : nul n'est mauvais gratuitement ; « il faut qu'il y ait une raison qui détermine et cette rai« son est toujours une raison d'intérêt. »

La raison d'intérêt ne manquait pas à nos administrateurs ; ils devaient donc être entraînés à sacrifier le bien de leur patrie, et au besoin, ils ne devaient pas reculer devant toutes sortes d'injustices à l'égard des hommes : c'est ce qu'ils ont fait.

Quelle plus criante injustice que d'invoquer l'intérêt même des Arabes pour empêcher leur émancipation, les maintenir sous des lois stupides, souvent furieuses, sous une oppression enfin qui leur a déjà valu la famine, et qui les y conduirait encore si les mêmes circonstances climatériques reparaissaient ! Mais prenez patience malheureux imposés, chargés d'amendes, de corvées et emprisonnés *ad libitum,* pour votre plus grand bonheur, dit-on ; prenez patience, le jour approche où l'on cessera de se jouer de vos intérêts les plus respectables et les plus chers !

Avant d'aller plus loin, je tiens à ce qu'on sache que tout en faisant le procès à l'administration militaire, je ne prétends en rien sortir du domaine des faits. Je n'attaque pas la conscience des personnes, je n'en ai pas le droit : Dieu seul sait ce qui se passe dans le for intérieur de chacun. Je fais comme Montesquieu, j'impute au trouble des passions et aux erreurs qui en sont la conséquence, les coups mortels qui ont été successivement portés à la colonie.

Passons-les en revue. Quelques-uns, noyés au milieu des explications qui précèdent, ne peuvent se condenser facilement dans l'esprit du lecteur, et il importe de les résumer tous, afin qu'il soit mieux établi que nous ne parlons pas dans le vide.

On va voir qu'il n'est aucun des actes de l'administration militaire qui ne s'explique en prenant pour point de départ son intérêt particulier, ou, si on l'aime mieux, le désir de sa conservation. Cette règle explique tout : le bien et le mal ; c'est le principe générateur.

Je prends les choses à leur début pour être complet.

Pendant les dix premières années de la conquête nous assistons aux efforts de la France pour assurer sa domination.

Des tribus entières sont dépossédées sans compensation de leurs terres. Il n'était pas question alors, de concéder aux Arabes la propriété du territoire de leurs tribus ; on ne rêvait pas pour eux les avantages de la capitulation d'Alger ; les combats qu'il avait fallu livrer pour les vaincre étaient trop récents pour qu'on osât prétendre qu'elle devait leur profiter, comme s'ils l'eussent acceptée et s'y fussent conformés. D'ailleurs, l'intérêt qui devait faire surgir cette théorie n'était pas né. Il fallait d'abord s'établir, et la nécessité faisait qu'on y sacrifiait tout. Les indigènes étaient privés sans pitié de tout le sol nécessaire pour créer au bord de la mer des villes capables de garantir la tranquille possession des ports, et, à l'intérieur, dans les endroits d'une haute importance stratégique, d'autres villes susceptibles de procurer les agréments de la vie aux chefs militaires obligés d'y séjourner. Philippeville, Sétif, Batna et beaucoup d'autres cités doivent leur existence à ces causes, de même que d'autres déjà existantes, comme Constantine, Blidah, Tlemcen, leur doivent leur agrandissement.

Après ces dix années, la colonisation était commencée. L'administration militaire s'était montrée judicieuse et sage dans quelques endroits : elle y avait créé des villages sans y voir d'autres avantages que de favoriser la colonisation. Les hommes, naturellement bons et justes, vont d'abord vers le bien. Il est évident qu'alors l'administration n'avait pas encore eu l'occasion de songer à elle ; rien ne l'avait engagée à se mettre sur ses gardes ; elle n'avait donc pas élaboré son système, et elle ne s'était pas encore tracé la ligne de conduite appropriée à sa personne, à l'être moral qu'elle représente.

Le commencement était bon sans être parfait, il n'y avait qu'à continuer en perfectionnant. La dépossession violente des indigènes avait des inconvénients de toute sorte : supposant qu'on y eût renoncé, on n'aurait pas été pour cela réduit à l'impuissance : il était facile de suivre la marche si simple, déjà indiquée, consistant à tracer autour de chaque ville ou village des zônes circulaires destinées à une perpétuelle extension, dans lesquelles on aurait établi la propriété individuelle. A sa suite, et comme conséquence forcée et immédiate, ce sol véritablement conquis à la France, aurait été régi par ses lois en matière d'immeubles. On venait de dépouiller nombre de tribus sans coup férir : quel danger pouvait-il y avoir à rendre les indigènes de ces zônes propriétaires au même titre que les Français ? Il n'est pas permis, à moins de tomber dans l'absurde, de supposer qu'ils se seraient agités pour repousser ce qui leur était avantageux.

Ces idées, si simples, n'étaient pas étrangères à l'administration. Chaque jour les colons les plaçaient sous ses yeux, en même temps que bien d'autres utiles à la colonie ; aujourd'hui même elles seraient praticables, et nous les aurions proposées si ce n'était que le temps a préparé les choses à une marche plus rapide ; mais, à l'époque dont nous parlons, il semblait que par leur mise en pratique la colonie allait prendre son essor et atteindre un haut degré de prospérité.

Hélas ! il n'en fut rien ! Tout fut subitement arrêté. Et, depuis lors, une guerre à outrance et sans merci, entre les colons et l'administration militaire, fut le spectacle offert par la colonie.

D'où vient donc ce changement? D'une seule chose : c'est que dans les centres européens on demanda des administrateurs civils. Le colon souffrait et se plaignait de se voir administré par des gens de guerre.

Dès ce moment l'administration militaire comprit que les colons l'expulseraient du pays : elle les combattit.

Par contre, la population arabe comprimée, muette et soumise, lui devint précieuse. Elle était déjà la raison d'existence du soldat administrateur, celui-ci comprit qu'en lui conservant le pays elle lui deviendrait aussi la raison de se perpétuer : il fit tout pour y parvenir, et jusqu'à ce jour il y a réussi.

On est toujours fort lorsque ceux que l'on réglemente sont incapables d'opposition. Or, quelle résistance y avait-il à craindre des Arabes? Aucune. Ils ignorent, même aujourd'hui, les règles d'éternelle justice sur lesquelles repose la liberté individuelle ; ils ne pouvaient donc comprendre l'état d'infériorité où ils allaient être maintenus. Aucune plainte collective et raisonnée, aucune revendication publique de leurs droits n'était à redouter. Ils ne pouvaient non plus, pour leurs réclamations personnelles, s'adresser à une puissance aujourd'hui irrésistible, à l'opinion publique, car ils ne la conçoivent pas comme force, ils n'en ont pas même l'idée. Si souvent elle les dirige, c'est à leur insu.

Aussi, les expériences administratives dont ils ont été l'objet, ont-elles pleinement réussi sur les deux points principaux : d'une part, les indigènes des territoires militaires sont encore aujourd'hui ce qu'ils étaient il y a 30 ans ; leur soumission aux bureaux arabes est tout aussi complète; et, d'autre part, les espaces qu'ils occupaient leur ont été réservés dans leur intégrité ; leur sang est pur de tout mélange européen.

Cependant il y avait une troisième difficulté à résoudre : l'administration aurait désiré que leur nombre ne diminuât point, à seule fin d'invoquer cette circonstance pour établir qu'au moins sa direction ne comportait rien de délétère ; mais les entreprises injustes recèlent presque toujours un élément de ruine et d'insuccès ; entre ses mains, par les causes que nous avons détaillées, les indigènes dépérissent ; la misère les épuise, ils meurent de faim.

Malheureusement les solitudes, les steppes silencieuses qui s'étendent et grandissent au milieu des terres labourables, les tombes à peine fermées de tant de malheureux que la famine a torturés avant de leur ravir l'existence, sont des enseignements perdus : nos administrateurs militaires n'en sont pas moins toujours persuadés qu'ils sont arrivés à la perfection, qu'ils ont atteint l'idéal en matière administrative. Le bureau arabe n'imagine rien de mieux que lui-même. Cet être hermaphrodite, qui n'est ni soldat, ni administrateur, lui paraît l'expression la plus haute et la plus parfaite des progrès de la science ; il lui semble que c'est là un type, un modèle digne d'une éternelle durée !

Lorsque nos administrateurs eurent adopté le principe de la conservation de l'élément indigène dans toute sa pureté, ils n'eurent pas de peine à découvrir les moyens de le mettre en pratique.

Chaque pouce de terre acquis par un Européen, fût-ce à titre d'achat, étant fait pour amener, tôt ou tard, une corruption de la nature arabe par le mélange du sang, peut-être même une diminution immédiate, si l'Européen venait incontinent habiter et cultiver sa nouvelle propriété, des mesures furent prises pour que ces empiètements funestes ne se produisent pas.

D'abord, l'administration cessa de créer des villages et d'accorder des concessions : deux procédés négatifs dont elle eut déjà lieu d'être satisfaite. Toutefois, ils ne résolvaient pas complètement le problème : si l'Européen avait eu la faculté d'acheter de la terre, dite indigène, le système aurait été sapé dans sa base. D'autres obstacles toujours négatifs y pourvurent : les vices des coutumes observées par les Arabes, touchant la propriété immobilière, étant un empêchement très sérieux, presque insurmontable, à ce que les Européens se rendissent leurs acquéreurs, l'administration veilla à ce que aucune atteinte leur fût portée. De cette manière le but était atteint ; les effets de cette méthode d'abstention devaient amener et produisirent réellement l'isolement des indigènes.

Lorsque l'administration militaire n'osait prendre sur elle la responsabilité de certains actes qui lésaient ostensiblement les Français, elle tournait la difficulté par une petite loi ou un petit décret, qu'il lui était toujours facile d'obtenir.

Aux obstacles légaux elle en ajoutait d'artificiels, suggérant des craintes de toute nature aux Européens qui cherchaient à pénétrer au milieu de ses précieux et chers administrés, et opposant toutes sortes de difficultés à leur établissement.

Vouliez-vous acheter le moulin d'un caïd besoigneux ; on vous disait : gardez-vous en bien, le pays n'est pas sûr; nous ne pourrions répondre de vous. Aviez-vous eu l'audace de l'acheter, comme il advint à un sieur Pérès, de Batna, qui nous comptait ses embarras : on vous faisait concevoir des inquiétudes sur la validité du contrat; on parlait d'une résolution qui serait sans doute prononcée par le gouvernement général pour cause d'intérêt public, par suite de la difficulté de protéger un propriétaire et son domaine au sein des tribus, et des troubles que sa présence et celle des siens chez les indigènes ne pouvait manquer d'exciter. Si ce même acquéreur demandait à acheter seulement un hectare de terre autour de son immeuble, on le lui refusait sous prétexte que la terre était arch, ou si elle était melk, on s'arrangeait pour que les propriétaires refusassent de vendre, quoiqu'ils en eussent bonne envie. Il arrivait ainsi que le malheureux capitaliste, tracassé, dégoûté, craintif, sans protection, appréhendant l'incendie, les vols à main armée ou le meurtre, était à tout moment tenté d'abandonner une bonne affaire. Souvent même il prenait ce parti; c'était autant de perdu pour la colonisation, pour la France par conséquent.

Plus l'administration militaire se sentit forte, plus elle fut implacable dans la mise en œuvre de ses procédés d'expulsion : c'était une véritable chasse à l'Européen. Après le Sénatus-Consulte de 1863, au moment de sa toute puissance, les choses en vinrent à ce point, qu'elle défendit aux gendarmes de pénétrer en territoire militaire, même lorsqu'ils poursuivaient un malfaiteur en cas de flagrant délit, et encore nanti des produits du crime. Il ne s'agissait, dans ce cas, pour le voleur ou le meurtrier, que de franchir la limite des deux territoires ; cette ligne fictive lui valait immunité et sécurité, tout comme au moyen âge le refuge dans les églises. De la prison fut, dit-on, prononcée contre des gendarmes contrevenants.

C'est aussi vers cette époque que fleurit la très ingénieuse et très profitable invention du royaume arabe :

les bureaux arabes étaient assez généreux pour se charger de l'administration d'un empire. Si ce projet avait été réalisable, il n'y avait plus qu'à fermer le livre ouvert aux lois favorables à la prospérité du pays; le sacrifice de tous les intérêts français aurait été consommé.

Lorsque, dans sa lutte contre le colon, l'administration fut sur le point d'être vaincue, comme en 1858, lors de la création du ministère de l'Algérie, avec Napoléon Jérôme ministre, elle fit des concessions forcées : la principale fut l'agrandissement des territoires civils; mais lorsqu'elle eut repris le dessus, ayant renversé ce ministère, elle s'empressa de réduire ces territoires à leurs anciennes limites.

Dans ces espaces restreints, tels que nous les voyons aujourd'hui, il y avait et il y a encore des tribus enclavées. Il était rationnel de les soumettre au droit commun, tant pour le régime de la propriété immobilière que pour la dispensation de la justice civile ; ici on ne pouvait arguer de la possibilité des séditions, mais l'administration militaire avait eu soin de choisir les préfets et les sous-préfets parmi ses créatures: ces fonctionnaires, visiblement inspirés de son esprit, firent toujours preuve d'un très grand respect pour les institutions arabes. Ainsi, j'ai habité pendant huit ans, de 1860 à 1868, l'arrondissement de Philippeville, et, pour toute faveur accordée à la colonisation, j'y ai vu délimiter et donner des titres transmissibles à une petite tribu occupant huit cents hectares près de St-Charles. Il y avait une tribu beaucoup plus importante confinant au village de Gastonville, on la délimita en ce sens que les indigènes furent mis en état de connaître leurs propriétés réciproques, mais on ne leur délivra point de titres réguliers. Les habitants de Gastonville, tous Français et cultivateurs modernes, manquaient de terre : ils ne pouvaient en acheter, même en territoire dit civil, à leurs voisins les Arabes qui en avaient trop. Enfin, il y avait quantité d'autres tribus occupant, surtout dans le canton de Jemmapes, une grande partie de l'arrondissement ; il ne fut jamais question d'y consolider la propriété.

Des préfets et sous-préfets avaient été nommés pour la plupart avant l'arrivée de Napoléon Jérôme au ministère. Il les laissa en place. Lorsque les territoires civils furent agrandis ils montrèrent bien ce qu'ils savaient faire : ils n'améliorèrent pas le statut de la propriété, mais, en récompense, chacun créa au siége de son administration un bureau arabe civil, copié sur les bureaux arabes militaires. Le même intérêt donnait à ces nouveaux fonctionnaires les mêmes tendances qu'à ceux qu'ils imitaient. Il y eut toutefois cette différence, que les titulaires des emplois créés, ramassés un peu partout, dépourvus de toute vergogne et quelquefois sans moralité, n'ayant pas un uniforme à respecter, amplifièrent sur ceux dont ils prenaient exemple et furent cent fois pires.

Il est vrai que dans les préfectures et leurs dépendances on pouvait se retrancher derrière une direction émanée du gouvernement général de l'Algérie, car les bureaux arabes civils furent institués par un décret impérial. Mais ne sait-on pas que ces sortes de décrets n'interviennent qu'après que tous ou presque tous les organes de l'administration ont été consultés ; du reste, l'institution ne signifiait rien par elle-même : c'était par le parti qu'on allait en tirer que nos administrateurs civils devaient montrer leur intelligence et leur bonne volonté.

L'administration militaire triomphait des fautes de cette administration prétendue civile, elle se réjouissait de son impopularité. Mais les colons clairvoyants lui disaient — en accusant ces administrateurs incapables, vous vous critiquez vous-mêmes ; ce sont vos serviteurs féaux et dévoués, vos incarnés, vos imitateurs obligés ; vous leur donnez l'impulsion, ils ne peuvent faire mieux que vous.

Lorsque les territoires civils furent amoindris, le personnel des bureaux arabes civils fut diminué en proportion. Ils auraient pu être supprimés ; ils ne l'ont été nulle part complètement : l'institution paraissait bonne à conserver ; dans d'autres moments elle pouvait servir à faire encore regretter l'administration militaire.

Les préfectures ne furent pas seules à subir ces influences du pouvoir militaire : les communes eurent aussi à en souffrir. Bien des maires, nommés selon ses convenances, firent voir qu'avec une très haute et très puissante protection on n'a pas besoin d'être bon administrateur ; il est des localités où ils aboutirent au gaspillage des fonds communaux. Les communes ruinées, ou assez fortement obérées, comme Sétif, pour que le Crédit foncier leur ait refusé des fonds, peuvent être entendues : leurs explications ne laisseront rien à désirer.

Nous n'en finirions pas, s'il nous fallait relever tous les effets désastreux de l'ingérence militaire dans la cité ; le soldat n'en a jamais été exclu que pour la forme ; la loi martiale et son despotisme, si utile à l'armée, mais si nuisible au civil, y perce partout.

Nous avons vu comment le Sénatus-Consulte de 1863 présenté aux chambres et à la nation comme devant conduire à la propriété individuelle, s'est justement trouvé la loi protectrice de son ajournement indéfini.

Vers la fin de 1869, aucune tribu n'avait été délimitée. Depuis cette époque le Corps législatif s'étant intéressé à l'Algérie, les habitants de quelques petites tribus de la province d'Oran ont vu transformer leur jouissance en un droit de propriété. L'administration fit alors comme ces bonnes gens, qui se décident à grand peine à donner un épi dans l'espérance de conserver la moisson.

Mais les colons sont aussi rusés qu'elle ; ils y ont vu clair. Ils ont bien remarqué que cette concession partielle et infime n'empêchait pas le reste du pays d'être soumis au même régime, et que nos administrations civiles ne cessaient pas d'en être exclues ; ils ont constaté que la prospérité de l'Algérie restait toujours écrasée par cette affirmation et ses conséquences, que la présence des Européens au milieu des Arabes pouvait causer des insurrections.

La crainte des insurrections est le dada de l'administration militaire, comme la patrie allemande est celui de Bismark ; toutefois le dada de l'administration a cette supériorité, qu'il est infatigable, inusable, ainsi qu'on va le voir.

Nous avons prouvé, en effet, que les révoltes ne sont possibles que dans les tribus isolées, éloignées des centres européens. Si on les laisse dans leur isolement et si on évite d'y créer des villages parce qu'on y craint des soulèvements, il arrivera que les soulèvements y seront toujours à redouter. Conservez une cause, un agent, par la crainte de son effet, et cet effet sera toujours possible, vous l'appréhenderez éternellement. Voilà pourtant avec quelle logique le pays a été amusé pendant plus de vingt ans ! Quel beau raisonnement ! quel agréable cercle vicieux ! et aussi quelle ressource intarissable !

Il était temps qu'un prélat illustre dénonçât la théorie des insurrections pour qu'on en fît moins d'usage : mais cela n'empêche que les circonstances aidant on y reviendrait tout-à-fait.

Tels sont, considérés d'une manière générale, les souffrances, les déboires, les privations et les déceptions dont la colonie a été accablée, par suite de la volonté inflexible de l'administration militaire de se perpétuer et des moyens qu'elle a mis en usage pour y réussir.

Il nous reste à constater que le peu de bien qu'elle a fait a toujours été choisi de façon à ne pas nuire à sa secrète ambition ; on peut même dire qu'il a été accompli surtout en vue de la servir.

Depuis vingt ans en effet, les colons blessés dans

leurs droits les plus incontestables et leurs patriotiques aspirations, n'ont cessé de se plaindre, de récriminer et d'accuser. On les écoutait peu en France : cependant de temps en temps une plainte plus vive, plus amère, plus désespérée arrachait l'opinion publique à sa somnolence. Alors on se tournait vers le gouvernement et on lui disait : voyez ces pauvres gens, comme ils sont mécontents ! Vous ne faites donc rien pour eux ? — Le gouvernement se tournait à son tour vers l'administration et lui disait — répondez.

Il fallait donc que l'administration répondît. Même, comme la question se renouvelait de temps en temps, il était convenable qu'elle eût chaque fois du nouveau, si petite qu'en fût la quantité.

Ainsi pressée, elle s'appliquait à faire voter des crédits pour doter l'Algérie de toutes sortes de travaux publics. Par l'effet de ses diligences, des routes, des ports, des ponts, des chemins de fer, des phares, des mosquées, des colléges et autres monuments publics étaient construits ; autant elle était difficile, parcimonieuse, craintive, soupçonneuse, intraitable et insurmontable lorsqu'il s'agissait d'agrandir la patrie du colon, de livrer la terre à ses entreprises, autant elle était généreuse pour ces travaux qui n'amoindrissaient pas son domaine. Il paraissait qu'il était plus facile d'en obtenir la construction d'un pont, même l'établissement d'un port, que la délimitation d'une tribu de cinq cents hectares à proximité d'un centre européen.

Elle savait bien que ces ouvrages d'art ne lui feraient pas obtenir le silence des colons, et qu'il n'y avait pas deux manières de les contenter ; mais elle savait que, de l'autre côté de la mer, elle étoufferait ainsi leur voix. Lorsque le jour de la bataille était venu, elle se présentait devant les chambres avec un dossier rempli de surprises, de raisonnements spécieux et dépourvus de toute base, auxquels elle ajoutait, comme couronnement, la pompeuse énumération des travaux exécutés par ses soins ; elle remportait ainsi, avant le réveil de l'esprit de liberté, de faciles victoires ; mais la vérité qui triomphe toujours attendait son heure.

Il ne faut pas dans ces observations chercher une critique des ouvrages dont nous parlons, considérés en eux-mêmes. Ce n'est certes pas nous qui reprocherons à l'administration militaire d'avoir favorisé la colonie dans l'acquisition de ces biens : tout au contraire, nous l'en félicitons et nous proclamons qu'elle a bien fait. Seulement, puisque nous cherchons la vérité, nous ne dissimulons pas que s'ils avaient été susceptibles de nuire à sa perpétuité et de menacer son existence, elle en aurait supprimé les trois quarts, et que si elle avait laissé les colons se répandre dans le pays, il y en aurait aujourd'hui vingt fois plus.

Nous arrêtons ici cet examen des œuvres bonnes ou mauvaises de notre administration, et en terminant, nous pouvons dire en toute assurance : voilà la vérité !

La niera quiconque le voudra, y étant intéressé. Pour nous, il nous semble qu'elle doit frapper les moins clairvoyants.

Si maintenant nous voulons résoudre cette question : y a-t-il la moindre espérance que l'administration militaire modifie sa règle de conduite ?

Nous répondrons : Non —

L'intérêt de sa conservation, toujours présent, l'obsédera, la dominera et la dirigera toujours ; il ne cessera jamais d'être sa seule, ou au moins, sa principale préoccupation.

D'ailleurs, l'esprit, la règle de conduite d'une société, compagnie ou congrégation ne change jamais, que si son intérêt le lui commande. Suivez l'histoire des ordres civils et religieux et vous en serez bientôt convaincus. Les bureaux arabes, pris dans leur ensemble, ne sont autre chose qu'une compagnie, un ordre ou une congrégation, dont les membres divers, déjà rattachés par le lien militaire, se sont entendus d'eux-mêmes sur leurs intérêts, sans qu'il fût besoin de statuts écrits : quoique cette société n'élise pas ses chefs, elle n'en a pas moins sur eux un irrésistible ascendant.

Ces chefs , ce sont les gouverneurs généraux de l'Algérie. Prenez-les, les uns après les autres depuis trente ans, et vous verrez par leurs actes qu'ils étaient, de bonne volonté ou de force, les serviteurs de la compagnie des bureaux arabes. Ceux qui étaient sortis de son sein et lui devaient leur fortune étaient mieux que des serviteurs très humbles, c'étaient des amis, des protecteurs et des défenseurs dévoués. Lorsqu'il s'en trouvait, au contraire, qui professaient pour elle une sorte de dédain et qui auraient voulu faire le bien, ils comprenaient vite qu'ils avaient les mains liées, et qu'ils ne pouvaient rien toutes les fois que les intérêts de la redoutable compagnie étaient en contradiction avec ceux de la colonie. Tel fut, par exemple, le maréchal Pélissier.

C'est pourquoi je n'ai pas la faiblesse, comme beaucoup de publicistes, de séparer l'administration générale de l'Algérie de celle des bureaux arabes. Quand on prétend révéler la vérité, il faut la dire tout entière. J'y insiste donc : les bureaux arabes et l'administration supérieure ont toujours formé un tout indissoluble. Depuis le dernier employé jusqu'au chef suprême, il y a une chaîne dont les anneaux sont liés par une affinité indestructible ; ce fut jusqu'ici un régiment invincible et inexpugnable. Il était d'autant plus fort que, depuis 1860, il était ostensible que le Souverain s'y était comme enrôlé, et s'en était constitué le chef.

Aujourd'hui même, après la proclamation de la république, il n'y a qu'une puissance qui puisse renverser ce pouvoir et détruire cette entente : c'est l'opinion publique éclairée, c'est-à-dire la France entière.

Nous n'avons pas besoin de dire que nous concluons

à sa dissolution. Il convient de l'accomplir le plus promptement possible, le plus tôt sera toujours le mieux. La substitution des administrations civiles au pouvoir militaire est une des principales conditions de la vitalité du pays, si elle n'est pas la première de toutes. Etant trop certain que l'autorité militaire n'appliquera jamais ses forces qu'à entraver le développement de la colonie, il faut procéder à son extinction avec assurance et énergie : hors cela point de salut.

Seulement, une fois ce parti pris et réglé par une bonne loi, faites attention, prenez garde, oui, prenez bien garde ! Avec une administration civile vous aurez évidemment des préfectures. Eh bien ! ne permettez jamais, n'admettez à aucun prix, que parmi les rouages de l'administration préfectorale il se forme, il se glisse des bureaux arabes civils.

Tous les raisonnements du monde pour établir leur utilité n'empêcheront pas que vous n'y ayez un personnel administratif plus ou moins nombreux en contact continuel avec les indigènes : cette race, qui deviendra meilleure, n'en est pas moins aujourd'hui corrompue, corruptrice, et cependant facile à exploiter, par suite de son ignorance de tous nos usages, et de la langue particulière, difficile et peu répandue dont elle se sert.

Vous verriez infailliblement se renouveler les faits et gestes des anciens bureaux arabes civils. Et les membres épars de l'ancienne administration de rire et de se moquer ; ce serait avec raison, car pour l'éconduire il faut faire mieux qu'elle, autrement à quoi bon se donner cette peine.

On ne peut trop le dire et le redire, créer une centralisation administrative pour les Arabes seuls et qui n'aura d'existence que pour eux, ce sera toujours inventer et faire surgir une puissance hostile à la colonie; à peine née, elle verra qu'elle ne peut durer que par les Arabes et que la colonisation ne lui est bonne à rien ; elle sera entraînée à suivre l'exemple de ses prédécesseurs ; elle favorisera l'isolement des indigènes, elle cherchera à les conserver comme élément aggloméré, et elle sacrifiera à cette tendance les intérêts les plus sérieux de la colonie.

Cette intervention administrative serait d'autant plus regrettable qu'elle serait parfaitement inutile : n'avons-nous pas prouvé que les douars les plus nombreux entourant les justices de paix, n'auront tout au plus besoin que d'un cheik élu et dépendant du maire de la commune voisine !

Je ne puis trop appeler l'attention des esprits pratiques et animés d'un sage patriotisme sur ce danger.

Si vous voulez que l'Algérie développe ses ressources, qu'elle forme de nouveaux départements français presque aussi riches et aussi peuplés que ceux de la métropole, rangez-la vite sous le droit commun ; qu'il n'y ait pour les Arabes aucune distinction administrative, aucune exception, que celles toutes personnelles et très peu nombreuses que j'ai déjà signalées pour leur droit civil, et dont l'observation ne nécessite ni bureaux arabes civils, ni autres fonctionnaires spéciaux.

CHAPITRE IX

RÉSUMÉ

Lorsqu'un médecin a longuement réfléchi sur l'état d'un malade, ayant raisonné en lui-même chacun des caractères de la maladie, et s'étant successivement décidé à l'emploi de tels ou tels médicaments, il résume ses observations, s'assied, et en quelques secondes, il écrit son ordonnance.

Nous allons faire comme lui : nous allons rappeler en quelques lignes les mesures dont nous avons reconnu la réalisation indispensable pour la prospérité de la colonie. En suivant l'exemple du disciple d'Hippocrate, nous nous proposons d'éviter aux personnes qui n'auraient pas le temps de lire toute notre dissertation, la peine d'y chercher de côté et d'autre les solutions proposées. Je procéderai par voie de classification numérique afin de mieux les distinguer :

1° Nous avons appelé l'attention sur l'opportunité d'une loi qui aurait pour but de faire rentrer dans le domaine de l'Etat toutes les terres laissées désertes, pour quelque cause que ce soit, par les indigènes.

2° Nous avons constaté la nécessité d'une loi qui changerait en droit de propriété la faculté de jouissance *ad perpetuum* des terres *arch*, concédée en fait, sinon en droit, depuis 1863, à toutes les familles ou tous les individus qui en détiennent et cultivent des parties déterminées.

3° Nous avons vu qu'à la suite de ces deux lois toute la terre de l'Algérie serait possédée à titre privé, et que, pour l'assimiler à celle de France, il n'y aurait plus qu'à la soumettre au même système hypothécaire et aux mêmes lois sur la transcription.

4° Après avoir expliqué que ces trois lois rendaient inutiles les commissions prétendues constituées pour arriver à la propriété individuelle, nous avons reconnu que leur application exigeait la création dans toute l'Algérie de justices de paix et la nomination de notaires, auxquels il faudrait adjoindre des agents de l'administration des domaines, qui, tout en faisant le service de l'enregistrement et des hypothèques, s'occuperaient de la revendication des azels du canton et des terres en déshérence.

5° Il ne restait plus qu'à appeler le service des impôts, tant directs qu'indirects, pour que toutes les administrations de la métropole fussent représentées au siège de nos Justices de Paix ; leur présence était motivée par les considérations les plus graves et s'imposait d'elle-même ; nous n'avons pas manqué de le déclarer.

6° Afin d'arriver à l'unité de législation, de donner aux indigènes l'avantage, apprécié par eux, d'être jugés par les mêmes magistrats que nos nationaux, nous avons observé qu'il était opportun de rendre toutes nos lois civiles applicables aux musulmans, sauf à leur réserver temporairement la faculté de divorcer, et peut-être aussi de suivre leur coutume en matière de succession.

7° Après ces modifications, les cadis et les caïds se trouvaient dépouillés de toutes leurs attributions. Nous avons conclu alors à leur suppression, faisant ressortir qu'elle n'était plus que la consécration d'un fait virtuellement accompli.

8° Enfin nous avons consacré un chapitre particulier à démontrer que l'administration militaire, comprenant bureaux arabes et tous autres administrateurs sortis de l'armée, était au plus haut degré nuisible à la colonie, et qu'il fallait sans retard la remplacer par nos diverses administrations civiles.

Ajoutons, pour abréger encore, que cette énumération en huit articles, quoique résumant tout notre opuscule, peut elle-même se réduire et se formuler en cette seule phrase.— Intronisation dans toute l'Algérie de la loi commune française, sauf le droit laissé aux indigènes de divorcer et de succéder selon leurs anciennes règles.

Toutefois, nous devons signaler, pour n'induire personne en erreur, que nous envisageons seulement ce qui intéresse la vie civile : en nous plaçant au point de vue politique, il nous faudrait admettre d'autres exceptions temporaires. Heureusement elles sont aussi très peu nombreuses : elles sont relatives aux différentes espèces d'élections, à l'aptitude aux fonctions publiques et au droit de port d'armes. Il peut en exister d'autres, mais nous les supposons sans importance, autrement elles se placeraient pour ainsi dire d'elles-mêmes sous notre plume. Comme il n'entre pas dans notre plan d'approfondir ce sujet, nous n'entreprendrons pas leur recherche.

CHAPITRE X

UN MOT SUR LA TURQUIE

Les pages qui précèdent ont été en grande partie consacrées à exposer les principes généraux de la loi musulmane. Nous en avons fait ressortir les vices et les inconvénients, rien qu'en les plaçant en regard de ceux qui servent de règle aux peuples civilisés.

Considérant la condition malheureuse des Arabes de l'Algérie, nous avons reconnu que pour les soustraire à leur misère, il fallait les ramener, autant que possible, à notre système légal, et qu'il n'était presque aucune de leurs coutumes qui ne fût à rejeter.

Et, ainsi que nous l'avons dit en commençant, comme toutes les sociétés musulmanes se ressemblent, nous avons de la sorte suivi pas à pas les causes du mal qui mine et appauvrit les populations des autres pays soumis à l'Islamisme.

Pour compléter ces indications déjà étendues et afin de remplir notre programme, nous ajouterons quelques mots sur les gouvernements turc et égyptien.

On y retrouve la simplicité funeste conservée avec tant de soin par les bureaux arabes. Un seul homme, le pacha ou gouverneur de province, peut tout dans la circonscription territoriale où il exerce son pouvoir. Il concentre dans ses mains tous les services : la justice, les finances, la police ; partout il commande en maître absolu. Il choisit les titulaires des emplois et il les révoque.

Imaginez enfin le caïd tel que nous l'avons dépeint avant la conquête de l'Algérie, et vous aurez l'image la plus parfaite d'un pacha.

Le despotisme de ce dernier est même plus lourd que celui des caïds. Cela vient de ce qu'une troupe régulière placée sous son commandement, est toujours prête à marcher pour contraindre à l'exécution de ses ordres ; tandis que les caïds, continuellement en guerre avec leurs voisins, avaient besoin de ménager leurs subordonnés, afin de les trouver dévoués à l'heure du péril.

D'après cela, on comprend que dans le principe tout capitaine d'un bureau arabe était un véritable Pacha : nous avons vu comment leurs pouvoirs ont été restreints par le Sénatus-Consulte de 1863 et le décret sur la justice musulmane de 1866.

Les réformes tentées aujourd'hui en Egypte et en Turquie auront pour résultat d'amoindrir de plus en plus les attributions exorbitantes des gouverneurs de province ; mais, jusque dans ces derniers temps, ces pays nous ont montré, par le dépérissement continuel de leur population, ce que peuvent des lois civiles et criminelles mauvaises, jointes à la coutume d'obéir dans chaque province à un maître absolu, dont rien ne réprime les caprices, les convoitises et les passions.

Souvent nous entendons vanter la prétendue civilisation des orientaux. — Ils ont fait de grandes choses, dit-on.

Nous n'en disconvenons pas : seulement nous ajoutons qu'il est facile d'en discerner les causes, qui tendraient à confirmer nos observations, plutôt qu'à les détruire.

Elles ne sont pas nombreuses : il y en a deux.

La première vient de ce que toutes les fois qu'une religion nouvelle fanatise les hommes, elle est observée, dans les temps qui suivent son avénement, avec un scrupule et une rigueur extraordinaires. Il est incontestable que le Coran enseigne le désintéressement, la charité, ainsi que le respect et l'observation de cette justice naturelle qui est dans le cœur de chacun. Les premiers musulmans s'adonnèrent avec amour à la pratique de ces vertus. Or, un maître vertueux, ce n'est en quelque sorte pas un maître, c'est encore moins un despote : c'est un père. Les peuples gouvernés paternellement sont heureux ; ils n'ont pas besoin de garanties : le pouvoir exercé selon l'esprit d'un père est l'idéal de tous les pouvoirs, le mieux fait pour favoriser l'expansion de cette grande famille appelée société. Dans le principe donc, la vertu des croyants empêchait qu'on ressentît les effets de l'extrême imperfection dans la constitution de l'Etat.

La seconde vient de ce que les musulmans s'assimilaient chaque peuple chrétien soumis par leurs armes. Ils y employaient la violence, il est vrai ; mais l'emploi de la force n'en constitue pas moins un mode d'assimilation peut-être plus efficace que la persuasion et la douceur. On perd un certain nombre de sujets qui s'expatrient, mais ceux qui restent soumis le sont bien.

Ces chrétiens devenus musulmans étaient d'une race de beaucoup supérieure aux conquérants, en ce sens qu'ils avaient une plus grande aptitude pour les sciences et les arts. Ils contribuèrent puissamment à la conservation de la société islamite. On remarque, en effet, que tant que les musulmans purent conquérir ils se maintinrent nombreux, puissants et redoutables ; mais du jour où leur marche vers l'occident fut interrompue, ils s'affaissèrent sur eux-mêmes.

C'est que les principes morbides qui infectaient leur société produisaient leur effet. Les hommes ont du goût pour la vertu ; on peut même dire qu'ils l'aiment ; mais entraînés par leurs passions qui ne sont autres que les désirs excités par leurs intérêts réels ou imaginaires, ils la pratiquent peu. La masse d'un peuple n'en suit jamais les règles pendant longtemps ; toutes les républiques anciennes, qui avaient la vertu pour principe, ont été bientôt attaquées par la corruption. L'âge de la vertu était depuis longtemps passé chez les musulmans lorsqu'ils furent confinés dans les provinces du sud de l'Espagne : et l'époque était venue où le despotisme, que leurs institutions favorisaient, produisait ses effets destructeurs. Il les a continués depuis, et l'empire turc est devenu le type le plus achevé de l'impuissance et de la débilité.

L'Egypte résiste mieux : elle le doit à sa position géographique, unique dans le monde, pour faciliter les opérations commerciales. Elle le doit aussi aux esclaves noirs qu'elle enlève par centaines de mille, chaque année, aux peuples de l'Afrique centrale. C'est encore une espèce de conquête. Le commerce et l'esclavage l'aident donc à renouveler sa population épuisée ; mais ces éléments de prospérité sont étrangers aux institutions nationales, ils n'infirment pas la règle.

Les gouvernements d'Egypte et de Turquie dont l'existence est compromise par l'anémie, toujours grandissante, de la société qu'ils dirigent, s'efforcent de recourir à d'utiles réformes. Nous leur souhaitons le succès, mais nous devons constater qu'ils sont en présence d'obstacles presque insurmontables.

Les réformes dont il s'agit ne peuvent être que des institutions empruntées aux Etats chrétiens. Pour être efficaces elles doivent porter sur toutes les branches de l'administration : le but à atteindre est presque de christianiser des musulmans. Or si jamais il y a eu une entreprise difficile c'est bien celle-ci.

Les musulmans de l'empire turc, qui sont fidèles à leur foi religieuse et fanatisés par elle, résistent et résisteront avec rage et fureur, jusqu'au dernier jour, à toute assimilation avec les chrétiens : impossible de raisonner avec eux.

Comme on leur a appris, dans leur enfance, qu'ils devaient prendre le Coran pour guide et, comme conséquence du Coran, mépriser les chrétiens et tout ce qui vient d'eux, jamais ils ne reviendront sur cet enseignement; ils y tiennent d'autant plus, qu'il flatte leur amour-propre; la force peut seule les dompter.

Pour mieux faire apprécier la difficulté de faire dominer les idées chrétiennes dans les pays où les musulmans sont maîtres, nous allons citer quelques passages du Coran.

Le verset 186 du chapitre de la Vache s'exprime ainsi: « Combattez dans la voie de Dieu contre ceux qui vous « font la guerre. Mais ne commettez point d'injustice en « les attaquant les premiers, car Dieu n'aime point les « injustes. »

Le verset suivant ajoute : « Tuez-les partout où vous « les trouverez, et chassez-les d'où ils vous auront chas-« sés. »

Ceci s'applique particulièrement à nous, en Algérie.

Plus bas le verset 189 jette ces mots : « Combattez-les « jusqu'à ce que vous n'ayez point à craindre la tenta-« tion, et que tout culte soit celui de Dieu unique. »

Le traducteur Kasimirski, dont nous suivons la traduction, commente ainsi ces trois passages : « A l'époque « où Mahommet écrivit ces versets, il n'était pas encore « maître de la Mecque, et sa position lui prescrivait de « se tenir sur la défensive: la guerre d'agression y est « donc formellement condamnée. Il ne faut pas cepen-« dant conclure que ces commandements sont capables « d'enchaîner la foi, la fidélité des musulmans. Les « mots : tuez-les partout où vous les trouverez et chas-« sez-les d'où ils vous auront chassés, ainsi que ces « autres : — jusqu'à ce que tout culte soit celui de Dieu « unique — laissent une telle latitude, qu'il n'est pas « étonnant que l'Islamisme se soit toujours cru libre de « tout engagement envers les peuples d'une autre reli-« gion, lorsque ses forces où les circonstances favora-« bles lui ont permis de ressaisir les pays échappés à sa « domination. »

Nous ajouterons que ces versets sont les plus doux du livre; en voici d'autres écrits avec moins de réserve :

Le verset 76 du chapitre intitulé les Femmes contient: « Que ceux qui sacrifient la vie d'ici-bas à la vie future « combattent dans la voie de Dieu ; qu'ils succombent « ou qu'ils soient vainqueurs, nous leur donnerons une « récompense généreuse. »

Un peu plus loin, le verset 78 reprend : « Les croyants « combattent dans le sentier de Dieu, et les infidèles « dans le sentier de Thagout : combattez donc les sup- « pots de Satan, et certes les stratagèmes de Satan se- « ront impuissants. »

On voit qu'au moment où ces versets parurent, leur auteur ne redoutait plus d'être accusé d'agression. Nous pourrions citer beaucoup d'autres versets où la guerre contre les infidèles est prêchée avec promesses de récompenses; mais en voilà assez dans ce genre : prenons en qui se présentent sous un autre aspect non moins défavorable aux sectateurs des autres religions.

Le verset 156 de la Vache dit : « Ceux qui mourront « infidèles, sur ceux-là la malédiction de Dieu, des an- « ges et des hommes ! »

Le verset suivant amplifie en ces termes : « Ils en « seront éternellement couverts; leurs tourments ne « s'adouciront point, et Dieu ne tournera pas vers eux « ses regards. »

Au verset 59 du chapitre les Femmes, on trouve : « Ceux qui refusent de croire à nos signes, nous les ap- « procherons d'un feu ardent. Aussitôt que leur peau « sera consumée par le feu, nous les revêtirons d'une « autre pour leur faire goûter le supplice. »

Merci de ce doux traitement.

On lit au verset 5 du chapitre le siège évident : « Les « infidèles, parmi ceux qui ont reçu les écritures, et les « idolâtres, resteront dans le feu de l'enfer. Ils sont les « plus méchants de tous les hommes. »

Ces imprécations, injures, malédictions, anathèmes contre ceux qui suivent d'autres religions, reviennent presque à chaque page. En outre, et comme si cela avait été insuffisant, leurs croyances y ont été souvent tournées en ridicule : on en jugera par les cinq versets qui suivent du chapitre, Marie.

Verset 91 : « Ils disent : le miséricordieux a des en-
« fants. Vous venez de proférer là une énormité. »

92 et 93 : « Peu s'en faut que les cieux ne se fendent,
« que la terre ne s'entr'ouvre et que les montagnes ne
« s'écroulent de ce qu'ils attribuent un fils au miséri-
« cordieux. Il ne lui sied point d'avoir un fils. »

94 : « Toutes les choses qui existent dans les cieux et
« sur la terre ont été créées pour servir le miséricordieux, ils les a comptées et dénombrées. »

Par ces extraits on touche l'âme du livre. Ils résument toutes les tendances du Mahométisme : son but principal, même unique, est le triomphe de la religion enseignée ; tout doit y concourir ; tous moyens doivent être employés ; à commencer par la violence et la perfidie. Ceux qui ne sont pas croyants sont indignes de vivre. Nous y voyons une haine implacable, violente, et cruelle contre tout culte étranger, une stabilité immuable dans l'attente du jour où elle pourra se satisfaire par la conquête.

Pour rendre ses sectateurs plus fermes et plus confiants, Mahommet a été conduit à leur représenter la divinité délaissant le ciel, pour intervenir à tout propos dans les affaires générales de notre globe, et même dans celles des simples particuliers. Il les a ainsi conduits au fatalisme.

Il s'en serait cependant défendu. La tradition nous a transmis une conversation célèbre, tendant à établir qu'un jour il aurait affirmé sa répulsion pour cette doctrine.

Mais que son livre reproduise ou non sa pensée intime, il n'en contient pas moins les versets qui suivent, et beaucoup d'autres qui leur sont analogues.

Verset 35 de Saba : « Dis-leur : mon Dieu verse à « pleines mains ses dons à qui il veut, ou les mesure, « mais la plupart des hommes ne le savent pas. »

17 des Confédérés : « Dis : quel est celui qui vous « donnera un abri contre Dieu, s'il veut vous affliger d'un « malheur, ou s'il veut vous témoigner sa miséricorde ? « Vous ne trouverez contre lui ni patron ni protecteur. »

4 de l'Adoration : « Il conduit les affaires du monde « du ciel à la terre, puis tout remonte à lui, dans « un jour dont la durée est de mille ans de votre com- « put. »

54 de la Lumière : « Dieu a promis à ceux qui auront « cru et fait le bien, de les constituer héritiers dans ce « pays, ainsi qu'il a fait succéder vos devanciers aux « infidèles qui les ont précédés ; il leur a promis d'éta- « blir fermement cette religion qu'il lui a plu de leur « donner, et de changer leurs inquiétudes en sécurité. « Ils m'adoreront et ne m'associeront dans leur culte « aucun autre être. Ceux qui, après ces avertissements « demeureraient infidèles, seraient impies. »

Or, les musulmans ont attribué plus de vertu à ces textes qu'à la conversation dont nous venons de parler, quoi qu'elle ait été rapportée par des témoins dignes de foi. Ils considèrent, sans doute, les pages du Coran comme ayant été plus directement inspirées par Dieu et ayant de la sorte une origine plus divine que certaines paroles du prophète jetées en passant.

D'un autre côté, le fatalisme est la doctrine la mieux appropriée à des esprits contemplateurs, qui redoutent les efforts que la logique impose à la pensée. Si les musulmans ne la trouvaient pas dans le Coran, ils en suivraient les principes par élection naturelle. Elle les remplit de la quiétude qui leur est chère ; ils s'y endorment, s'abandonnant aux rêves. Des promesses comme celles du dernier verset que nous avons cité leur sont particulièrement agréables : en leur donnant telle extension qu'il leur plaît, et les combinant avec beaucoup d'autres, où la victoire est prophétisée à ceux qui combattent dans la voie de Dieu, ils croient que finalement ils arriveront à conquérir toute la terre.

Le vieux parti Turc, à Constantinople, en est encore à attendre l'heure où le drapeau surmonté du croissant se relèvera et reprendra sa course à travers le monde. Les têtes de ces musulmans sont des diamants ciselés où ces croyances sont en relief : rien ne peut les altérer, les émousser, les ébranler et les détruire.

Lorsque nous arrivâmes en Algérie, nous trouvâmes les Arabes façonnés sur ces modèles. La logique déduite de l'ancien fusil, et celle à inférer des nouvelles armes, leur a fait comprendre que les promesses du Coran pourraient bien n'être pas paroles d'évangile : loin de prétendre conquérir, ils se sont résignés à la soumission. Ajoutons à leur honneur que dans ces dernières années surtout, ils ont appris en nous fréquentant à aimer la paix ; ceux qui sont riches ont compris l'avantage de jouir avec quiétude de leurs biens, et désirant le repos, ils en inspirent le goût aux autres.

C'est cette nouvelle phase dans laquelle est entré l'esprit de nos indigènes qui les dispose à une assimilation presque immédiate : c'est après l'avoir constatée que nous en avons conclu, que la perte du droit de divorcer était seule capable de leur inspirer un regret sérieux, et que, ce point réservé, il n'y aurait aucun inconvénient à les fondre dans la famille française.

CHAPITRE XI

LA FRANCE ET L'ALGÉRIE

Un jour, c'était en septembre 1857, je fus obligé de faire le voyage d'Alger à Batna; je passai par Philippeville, où il fallut me rendre en bateau à vapeur, aucun autre chemin n'étant praticable.

Déjà, à Alger, j'avais entendu parler de colonisation : on s'y entretenait souvent de la nécessité de donner des terres aux colons, et, sans même y avoir réfléchi, tant cela tombe sous le sens, je n'imaginais pas qu'il fut possible d'agir autrement pour bien nous saisir du pays.

Qui dit colon, dit cultivateur, généralement parlant : coloniser une contrée c'est y introduire un nombre suffisant de laboureurs, qui prennent possession des plus grands espaces possibles et les cultivent.

Donc, plein d'une confiance naturelle dans le patriotisme des autorités du pays, j'étais fermement convaincu qu'elles appliquaient toute leur sagacité à distribuer à tous ceux qui en voulaient, capitalistes ou paysans, des terres en rapport avec leurs ressources.

Quel ne fut pas mon étonnement lorsque déjà, entre Philippeville et Constantine, je ne vis, pendant plus du tiers de la route, que des campagnes désertes, le plus souvent encombrées de broussailles séculaires. Mais ce fut pire entre Constantine et Batna : à travers trente lieues de terres fertiles, je ne vis ni arbres plantés de main d'homme, ni maisons ; on eût dit que cette contrée était sans habitants, ou que ceux qui y végétaient avaient pris à tâche de dissimuler leurs vestiges. Les champs cultivés étaient éparpillés en tous les sens, et se perdaient dans les étendues considérables non défrichées. Les maîtres de ce séjour désolé vivaient sous des tentes qui ne s'apercevaient qu'à de grands intervalles ; elles étaient petites, couleur de terre, rasant le sol, de sorte que tout contribuait à cacher leur présence ; il fallait être tout auprès pour les voir.

Le chaume des blés avait été brûlé par le soleil, et partout la terre avait une même teinte rougeâtre ; elle en avait pris un cachet de sauvagerie plus absolu et de solitude plus profonde : on avait sous les yeux l'image de notre globe sortant des mains du créateur. Les plaines, les vallons et les montagnes se succédaient dans la même nudité. L'homme, déjà imperceptible au milieu de l'infiniment grand univers, se trouvait derechef infiniment petit dans le sein même de sa petite planète.

Ce spectacle remplissait d'abord d'une admiration mêlée d'épouvante; puis, avec la réflexion, il s'y joignait un sentiment de profonde tristesse.

Des ruines romaines, qu'on apercevait de temps en temps, rappelaient un passé mille fois supérieur au présent.

Voilà donc, me disais-je, le parti que l'Islam a tiré de ce pays : entre ses mains tout s'éteint et dépérit. N'est-il sur la terre qu'un messager de mort et de destruction ? N'eut-il pas mieux valu qu'il laissât cette terre aux mains des Chrétiens, Latins et Berbères, qui la vivifiaient ? Quelle éloquence dans ces ruines, et comme elles font regretter ceux qui ne sont plus !

Ces pensées me reportaient d'une manière toute naturelle au rôle que la Providence paraissait nous réserver. Il nous faut travailler, pensai-je, à féconder cette contrée. Au point de vue de la France ce n'est pas un mal qu'il n'y ait presque point d'habitants : il y viendra un plus grand nombre de Français. Donnons vite de cette terre qui ne sert à personne, à tous les Européens qui en demandent ; ils sauront la couvrir de leurs cultures. O chère France ! vous aurez bientôt ici une nouvelle Provence, de nouveaux départements du Sud !

Lorsque je me disais donnons vite, je ne supposais pas que cela ne se fît avant peu : c'était si simple ! Je voyais bien qu'on avait déjà perdu du temps, mais comment croire qu'on ne s'empressait pas de le réparer ?

Hélas ! le simple était devenu le difficile en Algérie !

Quelques-uns portant l'épée, ornés de galons, installés dans des officines nommées bureaux arabes, avaient trouvé leur intérêt à ce que la culture, l'industrie et le commerce ne pussent utiliser cette terre, ce si grand bien ; ils avaient alors tout confisqué à leur profit. Ils n'étaient pas plus de six ou sept cents, mais ils trouvaient qu'à eux seuls ils valaient plus que la France, que dis-je, que l'humanité entière !

Ce fut à Batna, après quelques mois de séjour, que je pénétrai ce mystère. Alors je connus la grandeur des pertes qu'il causait à la mère-patrie : ma douleur fut profonde ; depuis, le désert ayant toujours été grandissant, elle n'a fait qu'augmenter.

Mes réflexions sur ce sujet me conduisirent à chercher des chiffres approximatifs du préjudice. Voici la méthode que j'ai suivie et les résultats auxquels je suis arrivé.

Comme la population d'un peuple européen en fait la puissance, et qu'elle est toujours proportionnée à la grandeur du pays qu'il occupe, j'ai cherché quelle superficie présentaient les terres de l'Algérie. En supposant un développement de côtes de 280 lieues, ou 140 myriamètres, et une profondeur moyenne de 40 lieues, ou 20 myriamètres, je suis arrivé au nombre de 28,000,000 d'hectares. Je me suis tenu exprès bien au-dessous de la vérité, car ce calcul suppose un rectangle dont le grand côté aurait 140 myriamètres, et le petit côté 20 myria-

12

mètres, et, sans nul doute, la partie habitable et cultivable de l'Algérie l'emporte de beaucoup sur cette surface.

Mais il n'importe : pour rendre mon raisonnement plus sûr, j'accepte ce chiffre. J'admets aussi la supposition faite par le Gouverneur général le 21 janvier 1870, dans un discours prononcé devant le Sénat, qu'en Algérie il ne faudrait pas compter sur plus d'un habitant pour deux hectares, ce qui lui fait une condition inférieure d'un quart à celle de la France : il n'en est pas moins certain, alors, que 28,000,000 d'hectares donneront un jour 14,000,000 d'habitants !

Il suffit d'énoncer ce chiffre pour être frappé du surcroît de force que la France en obtiendra.

Mais entrons dans plus de détails.

Une grande mer séparant les rivages de la Provence de ceux de l'Algérie, il s'en suit un travail maritime pour les communications dont il faut tenir compte. Si cette mer est une gêne, elle est aussi un bienfait : la difficulté à vaincre pour se rejoindre donne de l'élan à l'activité commerciale; notre marine militaire y gagne d'autant, en même temps que nous restons plus redoutables sur le continent. Tâchons d'apprécier de combien cela est plein d'intérêt.

Pour y parvenir, je constate que nous ne sommes en Algérie que 250,000 Européens, et qu'il y a 2,000,000 d'indigènes, Arabes ou Berbères. J'évalue pour la production et la consommation un indigène au cinquième d'un Européen, ou autrement, je pose que la consommation et la production de cinq indigènes sont équivalentes à celle d'un Européen. En cela, je fais aux premiers beaucoup d'honneur : car si on voulait me contredire, je dirais : prenez le rapport de l'impôt par tête, et vous serez conduit à une proportion encore moindre.

Ceci réglé, ces 2,000,000 d'indigènes représenteront 400,000 Européens : il y aura donc en Algérie, européens et indigènes compris, une population de producteurs et consommateurs, semblables à ceux de France, évaluable à 650,000 individus.

Or, je tiens de la bouche même de M. le Gouverneur 5énéral, le discours de janvier 1870, que cette population donne lieu à un transit d'importations et d'exportations avec la France s'élevant à 200,000,000 par an ; donc, lorsqu'elle sera parvenue au nombre de 14,000,000 on verra, si je calcule bien, 5 milliards 384,600,000, francs de marchandises traverser la Méditerranée.

Et que serait-ce si le vœu de Prévost-Paradol étant réalisé, le nord de l'Afrique était francisé et habité par 100,000,000 de Français ? Quel avenir pour notre race si nous le voulons !

Quoiqu'il arrive, ce passage de 5 milliards 384,600,000 francs de marchandises, à travers la mer, représente un accroissement de puissance maritime extraordinaire.

Le long des côtes de l'Algérie nous aurons des arsenaux et des chantiers de construction, à l'intérieur, il y aura des manufactures d'armes et des fonderies de canons ; les pays voisins du Sahara, mieux compris et sagement utilisés, fourniront à la France les chevaux d'une nombreuse cavalerie dont elle manque ; enfin le jour où le drapeau national se déploiera pour la défense du pays ou pour la conquête, si la conquête est forcément le dernier mot de nos conflagrations européennes, les départements d'Afrique jetteront aisément dans la lutte une armée de 300,000 hommes, susceptible d'être portée à 500,000.

Eh bien ! Lecteur, ce qui vous remplira d'amertume, c'est qu'aujourd'hui l'Algérie donnerait presque tout cela, si les bureaux arabes l'avaient permis. Depuis plusieurs années, le commerce français perd chaque année plusieurs milliards, et s'il fallait additionner toutes ces sommes, c'est à peine si le nombre pourrait s'écrire, tant il y faudrait de chiffres.

En ce moment la France surprise et traînée à l'égorgement par un gouvernement corrompu et ses absurdes ou ignominieux suppots, n'obtient pas de l'Algérie une augmentation de forces égale à 30,000 hommes, tandis qu'elle devrait en voir plus de 200,000 accourir à son appel.

Car, prenez-le pour certain, si les réformes que nous appelons de tous nos vœux sont accomplies, dans moins de six ans vous compterez en Algérie, y compris les indigènes, près de 6,000,000 d'habitants. Ces indigènes, déjà presque assimilés aux Européens de cœur et d'esprit les vaudront. Dans dix ans vous y verrez 8,000,000 d'âmes, et dans quinze ans les 14,000,000 que nous avons supputés seront dépassés.

Que la France juge donc de ses pertes et qu'elle les pleure! Qu'elle s'empresse surtout de mettre un terme à leur perpétuité!

Il lui importe à tous les titres et à tous égards de régénérer l'Algérie. Hélas! d'où nous est venue cette corruption immonde qui depuis vingt ans nous est si funeste? En grande partie de l'Algérie : la plupart des militaires appelés à gouverner les Arabes, au lieu de les sauver de leur abjection, se sont abaissés jusqu'à eux. Ces vaincus corrompus et corrupteurs se sont vengés de leur défaite, en communiquant leurs vices à ceux que la victoire avait favorisés, et en les infectant de leur venin : à leur contact que d'officiers de tous grades, depuis les plus élevés jusqu'aux plus infimes, ont appris toutes les vénalités, même celle qui pousse à vendre sa patrie. Ils se sont habitués, se méprisant eux-mêmes, à envisager tous les autres hommes avec mépris. Par là ils ont été conduits à ne plus chercher dans la vie que la satisfaction de convoitises et de concupiscences sans bornes. Habitués à voir les Arabes se prosterner à leurs pieds, et leur proposer le prix le plus élevé de leur suffrage et de leur protection, ils se sont faits à l'idée d'un genre humain partout semblable, et ils en sont arrivés à désirer que partout il fût tel.

Si l'Algérie française n'avait pas existé, le vaincu de Sédan, l'homme pétri d'un mélange d'arrogance et de poltronnerie, n'aurait peut-être pas rencontré un Saint-Arnaud, ni d'autres qui ont été depuis l'opprobre de leur pays, et dont les noms resteront à jamais flétris !

Il faut donc arracher sans délai la fraction de l'armée qui prétend administrer l'Algérie, à ces tentations et à ces souillures.

Puissent aussi ces longues et écœurantes leçons n'être pas perdues pour la France, et lui apprendre à expulser d'une manière absolue et définitive le cumul dans les emplois !

APPENDICE

N° 1

But de cet Appendice.

Dans un opuscule tel que le nôtre, il était difficile de tout dire, à moins d'entrer dans des développements qui en eussent fait un ouvrage considérable. D'ailleurs tout dire serait même impossible : on sait que les questions sociales sont presque toujours mêlées à la politique, et qu'elles soulèvent des problèmes dont le nombre est infini. Sans avoir la prétention de tout prévoir, nous ajoutons seulement ici quelques notes, afin d'élucider brièvement des points importants que nous avions d'abord laissés de côté, et d'en compléter d'autres que nous n'avons fait qu'effleurer.

N° 2

Six mois pour accomplir toutes les réformes.

On m'a reproché de n'avoir pas tout dit sur la mise en pratique des réformes que j'ai signalées; d'avoir laissé de côté des détails d'exécution d'une importance majeure, m'étant arrêté seulement aux généralités. Afin d'échapper à cette critique, et surtout parce que le sujet en vaut la peine, je vais tâcher de combler en quelques mots les lacunes regrettées.

Il est d'abord évident que les trois lois nécessaires pour établir la propriété individuelle, et la régir comme elle l'est en France, devront précéder toute mesure particulière et locale.

Ce n'est qu'après leur promulgation qu'il sera sensé, sage, opportun, utile et profitable de s'appliquer à diviser le pays en cantons ou justices de paix.

A ce moment les difficultés surgiront.

J'appelle difficultés, non seulement les obstacles capables d'éloigner d'une manière absolue les transformations nécessaires, mais encore tout ce qui serait de nature à causer des retards plus ou moins longs, quoique faciles à éviter.

Au moment dont je parle nous aurons affaire aux préfectures.

Je ne doute pas de la sollicitude des préfets nommés depuis la chûte de l'empire ; mais les bureaux placés sous leurs ordres ne m'inspirent pas la même confiance. J'y vois un personnel en partie composé d'employés dévoués aux bureaux arabes. Et, sachez-le bien, quoique le préfet soit seul responsable, et qu'en apparence les bureaux arabes ne soient rien, ils sont au contraire beaucoup. Cela vient de ce qu'un préfet ne peut pas tout faire, et qu'il y a beaucoup de choses qu'il ne peut juger et décider que sur le rapport de ses subordonnés.

Si, dans les circonstances dont il s'agit, la préfecture centralise le travail, les bureaux sauront bien obliger le préfet à suivre leurs *us et coutumes* : les bureaux ne changent jamais leurs habitudes.

Sur leur indication, on nommera l'ingénieur en chef de la province, toujours bien vu à la préfecture, pour étudier le pays, et désigner les endroits favorables à l'installation des chefs-lieux de canton. En même temps l'architecte voyer du grade correspondant à celui de l'ingénieur, sera préposé à la direction des constructions supposées nécessaires. Cela fait, les bureaux se reposeront dans une douce quiétude.

Voici cependant ce que les colons auront à craindre :

Ce sera qu'on use le temps au tracé d'une multitude de cartes et de plans, puis qu'on les refasse, modifie, corrige, augmente, améliore, diminue, amende, émende, copie et recopie ; que les bureaux arabes consultés ne les trouvent jamais bien, et obtiennent des modifications demandées, à les entendre, pour les biens de la chose, mais, en réalité, pour gagner du temps, temporiser, ajourner ; qu'enfin des mois et des années s'écoulent sans aboutir à rien.

Pendant ce temps, les bureaux de la préfecture n'en seront pas moins satisfaits, vu leur conviction que rien ne marche si les fonctionnaires les plus hauts placés et les mieux rétribués n'y sont pas employés ; tandis qu'au contraire, tout est pour le mieux lorsqu'ils sont supposés dirigeant les choses, ayant été, par eux, bureaux de la préfecture, désignés pour cela.

Pour échapper à l'appréhension de ces pernicieuses lenteurs, j'écarterais toute centralisation préfectorale.

J'utiliserais les ressources qui sont offertes dans les chefs-lieux d'arrondissement et les justices de paix existant aujourd'hui. Il est naturel qu'on y connaisse les environs mieux qu'ailleurs, et qu'on s'y intéresse davantage à ce qui peut se faire dans le voisinage : à ne consulter que le gros bon sens du public, on aurait déjà des données précieuses. Ainsi, à Sétif, il n'est qu'une voix pour indiquer à dix et vingt lieues à la ronde, les localités destinées à devenir des chefs-lieux de canton.

Comme l'Algérie est divisée en cercles ou subdivisions militaires, je prendrais mes renseignements à la ville ou au village où siégent les autorités qui les administrent. Cette localité est souvent un chef-lieu d'arrondissement et, pour le reste, on peut dire toujours une justice de paix : il n'y a, à cela, que deux ou trois exceptions.

Je dirais alors, dans chacun de ces endroits, au chef de service des ponts et chaussées (ingénieur ou conducteur), au maire, et au conseil municipal, au président du tribunal, au procureur de la république et au juge de paix : réunissez-vous en petit comité, et fixez dans votre circonscription les points les plus favorables à la création des nouveaux centres.

Soyez sûrs qu'ils les découvriraient avec une rigueur mathématique, et qu'ils mettraient sans peine le doigt sur les emplacements les plus salubres, les mieux disposés pour les relations agricoles et commerciales, et où il y a de la bonne eau.

D'après les cartes rapidement dressées par le service des ponts et chaussées, et raccordées au ministère de l'intérieur, l'expropriation de quelques milliers d'hectares autour des points déterminés serait aussitôt prononcée. Deux mois suffiraient pour conduire à ce résultat.

Cela fait, resteraient les maisons à construire. Je dirais à l'architecte voyer de la localité la plus proche :

« Allez sur les lieux avec des maçons, construisez-nous tout « simplement des chambres à la suite les unes des autres, autour « d'une cour carrée plus ou moins spacieuse, et n'oubliez pas que, « pour ce faire, vous n'avez nullement besoin de dresser des plans. « Ce qu'il nous faut, aujourd'hui, ce sont de simples abris et non « des monuments. »

Et c'est pour cause, que je repousse énergiquement, et tout autant qu'il est possible, les travaux graphiques : j'ai toujours vu qu'ils sont la cause ou l'occasion de lenteurs et d'ajournements.

En procédant de la sorte, je voudrais avoir, en moins de six mois, partagé le Tell et le Sahara en cantons, avec installation de juges de paix et autres fonctionnaires indispensables.

Notez toutefois qu'en exposant mes procédés, je ne prétends pas poser des dogmes et m'attribuer l'infaillibilité. Je laisse cette folie et ce soin à d'autres. Je dis seulement : voilà ce que je ferais, ou quelque chose d'approchant, n'ignorant pas que d'autres voies peuvent être suivies. J'ai voulu démontrer ce fait, dont je suis convaincu, qu'il ne faudrait pas plus de six mois pour accomplir les réformes légales et administratives ardemment désirées en Algérie.

Le lecteur appréciera si je me suis trompé : du moment que mes réflexions l'auront aidé et conduit à se faire une opinion, mes efforts seront couronnés du seul succès auquel j'aspire.

. Quelle que soit la marche qu'on adoptera, nous la trouverons excellente, si elle mène droit et promptement au but ; mauvaise, si elle permet des lenteurs et demande plus de huit mois ; détestable, si elle exige le sacrifice de plus d'un an. Quarante années déjà vainement écoulées font une loi de ne plus perdre un jour, une heure, une minute, un moment !

J'ajouterai, pour les personnes qui ont des doutes sur la tranquillité du pays, et qui appréhendent les dépenses occasionnées par de grands déplacements de troupes, qu'elles se laissent troubler par de vaines craintes. Lorsqu'une armée égale à celle qui, sous l'empire, assurait la soumission des indigènes, sera revenue en Algérie, il faudra l'augmenter de six mille hommes au plus, ou seulement les prélever sur son effectif, pour protéger les centres en voie de formation.

Il suffira déjà d'une brigade de gendarmerie, augmentée s'il le faut d'une vingtaine d'hommes, pour ceux qui seront établis le long des routes parcourues nuit et jour par nos diligences.

Quant à ceux qui seront installés en plein pays arabe, comme, par exemple, aux Riras, ou au Bou Taleb et le long des Babors, dans le cercle de Sétif, je pose en fait que, pour chacun, un petit camp de trois cents hommes bien armés représentera toute la force nécessaire pour assurer la sécurité du pays. Or, combien de justices de paix seront ainsi isolées? Il n'y en aura pas plus de quinze. Admettons qu'il y en ait vingt, nous voyons qu'avec ce nombre nous arrivons juste au déplacement de six mille hommes.

Tel est aujourd'hui l'heureux état des choses dans la colonie, qu'on peut obtenir des résultats énormes avec rien.

Et cependant, je ne crains pas d'affirmer que si pour en finir avec un état précaire, et ceux qui l'entretiennent : caïds, cadis et bureaux arabes, il fallait que la France entretint, même pendant cinq ans, une armée de cent mille hommes en Algérie, elle aurait encore un intérêt indiscutable, immense à prendre ce parti.

O France ! ne serait-ce que dans ton propre intérêt, écoute et exauce nos vœux !

N° 3

De la capitulation d'Alger et de quelques lois.

Pour ne pas fatiguer le lecteur, je n'ai pas cité les lois régissant la propriété qui ont précédé le Sénatus-Consulte de 1863, et notamment la loi de 1851. Deux motifs en rendaient l'historique inutile, ainsi que toute citation du Coran, que j'ai souvent vu faire assez mal à propos, sous prétexte d'éclairer cette matière.

Je trouvais ma première raison dans cette circonstance, que le Sénatus-Consulte de 1863, loin de rien retrancher des faveurs accordées aux Arabes par la loi de 1851, les augmenta et les amplifia au contraire jusqu'à l'exagération ; qu'il représente toute la législation aujourd'hui en vigueur, et qu'il n'était pas nécessaire d'exhumer d'anciens textes.

Mon travail n'avait d'ailleurs d'autre but que de vulgariser l'intérêt français en Algérie ; il s'adressait donc au plus grand nombre de lecteurs possible, à tout le public. Je ne devais même pas essayer de le faire pénétrer dans l'imbroglio de nos lois, assuré à l'avance qu'il ne m'y aurait pas suivi : tout le monde n'est pas légiste.

Ma seconde raison résultait de la manière dont la capitulation d'Alger avait été observée par les Arabes. Personne n'ignore que loin de s'y conformer, ils se sont efforcés de nous chasser du pays, ils nous ont combattus avec fureur, il n'est pouce de terrain que nous n'ayons dû conquérir. Nombre de tribus s'étant plusieurs fois révoltées, ont été à plusieurs reprises obligées de se rendre à discrétion ; c'était ce qu'elles appelaient demander *l'aman*, ou le pardon.

Nous sommes donc vis-à-vis des habitants du Tell et du Sahara dégagés des obligations de la capitulation d'Alger. Autrefois le vainqueur les eût emmenés en esclavage. La France généreuse a fait au contraire beaucoup pour eux, mais elle n'était tenue à rien.

On comprend dès lors qu'il n'y a aucune convenance à parler de la capitulation d'Alger et à citer des textes du Coran pour suivre une prétendue succession de pouvoirs depuis Mahommet jusqu'au Dey d'Alger, et de celui-ci au gouvernement français. Excepté en ce qui concerne la ville d'Alger, notre droit n'a d'autre source que la conquête.

Si des théories dépourvues de sens ont été souvent étayées devant les chambres, sur de pareilles bases, c'est que ceux qui les invoquaient saisissaient avec empressement les arguments même les plus absurdes, pour peu qu'ils fussent spécieux, afin de résister à leurs contradicteurs, d'abuser les représentants du pays et d'égarer l'opinion publique.

N° 4

L'Algérie peut-elle se séparer de la France ?

Vers la fin de 1870, on a vu se produire à Alger quelques velléités de séparation d'avec la France. Cela nous parut regrettable.

Il convient et il conviendra toujours autant à l'Algérie de rester unie à la France, qu'à la France de ne pas se séparer de l'Algérie. Est-ce au moment où les peuples civilisés comptent réciproquement le nombre de leurs nationaux, pour se fixer sur le respect qu'ils se doivent les uns aux autres, que la race française peut songer à se diviser ?

De combien la France ne serait-elle pas amoindrie si l'Algérie lui était ravie !

Et l'Algérie une fois isolée que deviendrait-elle ? Un pauvre petit pays, méprisé par les colosses européens, traité en toutes circonstances avec un arrogant dédain. Réunie à la France, elle fait au contraire partie intégrante d'une grande nation, elle la complète, la fortifie, et elle partage son indépendance, sa dignité, sa gloire.

Les idées séparatives sont évidemment contraires à l'intérêt des deux pays, et le gouvernement français doit mettre tous ses soins à les prévenir et à les empêcher.

Il n'y parviendra qu'en divisant l'Algérie en trois départements qui sont aujourd'hui indiqués par la nature des choses et qui auraient pour chefs-lieux Oran, Alger et Constantine. Il faut absolument et au plus tôt décentraliser l'administration : Alger ne doit être qu'un chef-lieu de département, ni plus, ni moins que Constantine et Oran. La centralisation actuelle, contraire au véritable intérêt français, était l'œuvre d'un despotisme ennemi de la nation, elle ne doit pas lui survivre. Un gouverneur général n'est pas nécessaire ; des préfets suffisent ; les divers services administratifs peuvent, sans aucun inconvénient, relever de leurs ministères respectifs à Paris : une dépêche télégraphique nous transmet une nouvelle, un ordre, une circulaire en quelques moments. Point n'est besoin en temps de paix d'un commandant des forces de terre et de mer. J'aimerais que Constantine et Oran eussent leur archevêché, leur cour d'appel, leurs facultés, en un mot, tout ce qui tend à établir une suprématie en faveur d'Alger.

Songez que 150 lieues séparent chacune de ces trois villes.

La suppression de toute ligne de douanes entre la France et l'Algérie devrait être le complément de ce nouvel état de choses. Pour tout dire en un mot, les départements de Constantine, Alger et Oran, seraient tout aussi complètement insérés dans la France que ceux du Doubs, du Loiret, de la Charente ou tous autres.

A ces conditions tous les Algériens seront satisfaits. Chaque département se flattera d'être égal aux autres, et aucun ne songera à dominer. Les trois premiers départements se subdiviseront plus tard en plusieurs autres départements sans la moindre difficulté, et tout en Algérie marchera régulièrement, avec tranquillité, rapidité et comme de soi !

L'idée toute contraire d'une administration siégeant à Alger, avec un gouverneur général, a été préconisée dans ces derniers temps par un publiciste de Constantine. Mais il s'intitula ancien administrateur. Nous comprenons qu'il soit alors pénétré de la nécessité d'une administration qui donnerait à l'Algérie une sorte d'autonomie, c'est le faible de tous les administrateurs, de croire que plus les administrations sont nombreuses, mieux vont les choses.

J'ai vainement cherché sur quelles bases reposaient les théories du nouveau prophète, qui, pour moi, prêchait dans le désert. Il ne développe point ses raisons. Il se contenta de dire que dans nos ministères de France on négligera les affaires de l'Algérie. C'est, à coup sûr, une assertion gratuite, que rien n'appuie. Cela même serait-il possible, et cette crainte n'est-elle pas imaginaire ?

N'est-il pas évident que l'Afrique formant un tout compact avec la France, celle-ci s'occupera nécessairement de l'Algérie, lorsqu'elle travaillera pour elle-même !

La proposition d'une administration algérienne distincte, aura toujours pour elle les officiers généraux sortis des bureaux arabes, les bureaux arabes eux-mêmes, et les grandes ambitions de France et d'Algérie.

Or, à ces signes, je la reconnais dangereuse.

Les bureaux arabes ont déjà renversé une administration civile de cette nature, M. Chasseloup-Laubat étant ministre. Ils recommenceront leurs intrigues contre une restauration quelconque du système, ils ne perdront pas tout espoir.

Il faut en finir avec un passé déplorable, et fermer d'une manière complète et absolue la porte ouverte aux espérances réactionnaires.

Si nous étions à mille lieues de la France, nous aurions justes causes de désirer l'autonomie administrative : elle serait excellente, comme il se voit par les colonies anglaises. Mais à des distances si rapprochées, ne serait-ce pas atteindre du premier coup au faîte de la grandeur et au maximum du bien, que d'être assimilé à la mère-patrie.

De même qu'on n'a jamais imaginé d'implanter en Corse les institutions autonomes, de même je ne vois pourquoi on essaierait de les inaugurer en Algérie.

Publicistes trop ingénieux, contentez-vous de demander à la France ce qu'elle possède, et ce que vous êtes, hélas ! si loin d'avoir. C'est là un thème simple, compréhensible, saisissable, au sujet duquel aucun malentendu n'est à redouter et dont l'application ne saurait être infructueuse. En suivant une autre voie, vous vous exposez à livrer la colonisation à ses nombreux ennemis. Craignez qu'ils ne s'amusent à l'égarer dans les interminables circuits des tentatives mal combinées. Répétez-vous sans cesse : — *Timeo Danaos et dona ferentes.*

N° 5

De l'indivision dans la possession de certaines terres arch.

Un de mes amis me disait un jour : Les lois que vous proposez pour assimiler d'un seul coup les détenteurs de terrains *arch* aux propriétaires de *melk* révèleront de graves inconvénients. Il y a des douars où les cultivateurs se déplacent sans cesse : ils sont tantôt sur un point, tantôt sur un autre ; la propriété y est restée collective ; ils forment de grandes familles ; il vaudrait mieux que l'Etat en finît d'un seul coup, en faisant la part de chacun.

A cela je répondis : Rien ne me démontre la vérité de votre assertion : cependant je ne la contredirai pas ; mais j'observerai que si ces douars forment des grandes familles, le jour où l'un de leurs membres ne voudra plus rester dans l'indivision, il obligera les autres au partage. S'ils s'y refusent, les tribunaux le feront faire, et cela, sans qu'il soit besoin de licitation, la terre étant toujours partageable. — Mais, ajoutai-je, les cas d'indivision dont vous parlez sont-ils nombreux ?

— Ils se rencontrent assez souvent, me répondit mon ami, dans des douars de quatre à cinq tentes.

— Si ce n'est que cela, dis-je, je n'y vois que des exceptions ; mais lors même qu'ils formeraient la règle, je n'en persisterais pas moins à rejeter l'idée de transformer l'Etat en géomètre et fournisseur de titres. Je ne puis trop le dire et le redire, ce qu'il faut à l'Algérie, c'est la rupture prompte et radicale des entraves qui arrêtent les transactions immobilières. Je ne crois pas qu'il y ait des mesures plus promptes et plus radicales que celles que j'ai proposées : s'il m'en était montrées je m'y rallierais aussitôt ; elles seraient pour moi la vérité dans le bien ; je ne cherche pas autre chose, et je serai toujours prêt à y sacrifier l'orgueilleux plaisir d'assister au succès de mes théories. — Je réfléchis un instant, puis je repris: — Les faits d'indivision dont vous parlez ne sont pas nouveaux en Algérie. A Constantine il y avait une multitude de maisons possédées indivisement par des indigènes israélites ou musulmans : quelquefois le nombre des co-propriétaires d'un même immeuble s'élevait jusqu'à 30. Les circonstances étaient plus graves que celles que vous prévoyez, car ces maisons étaient presque toujours impartageables, ce qui conduisait à des licitations, lorsque l'un des co-propriétaires voulait sortir de l'indivision. Aujourd'hui toutes ces maisons ont été licitées. Des abus se sont produits, je ne le nie point : souvent des indigènes ont été obligés de céder pour une somme d'argent bientôt dépensée, des droits d'habitation qui leurs constituaient une sérieuse ressource. Mais ce mal passager a été suivi d'un grand bien. La malpropreté, la misère, le spasme et l'inertie, qui assombrissaient ces demeures, ont été remplacées par l'aisance, l'activité et la vie.

Sur l'emplacement des étroites et vieilles habitations indigènes des maisons européennes immenses ont été construites. Leurs vastes abris recèlent tous les produits des arts et de l'industrie. Quel avantage pour la civilisation et pour la France ! Qui oserait regretter de semblables transformations ! Lorsque le fait est accompli, les ennemis de la colonisation sont les premiers à crier : ô prodige ! Ils s'en attribueraient volontiers le mérite. Mais lorsque, comme en territoire militaire, le mouvement doit nuire à leurs intérêts, ils commencent par l'empêcher. Je dis donc : laissez les indigènes aussi libres que vous-mêmes, ne les maintenez pas dans un esclavage que vous décorez du nom de Tutelle ; qu'ils restent dans l'indivision ou qu'ils en sortent à leur volonté, et soyez assuré de deux choses : la première que les Arabes seront très satisfaits, la seconde que le pays se peuplera.

N° 6

Les émigrants du Sahara.

Tous les ans, à l'approche des grandes chaleurs, deux ou trois cents mille nomades du Sahara émigrent vers le Tell. Quelques personnes considèrent cette émigration comme un des plus grands obstacles à l'établissement de la propriété individuelle.

Les inquiétudes naissent de ce que les bureaux arabes fournissent des terres désertes ou appartenant à l'Etat à ceux de ces émigrants qui, peu soucieux de trouver du travail, cherchent à installer leurs tentes et à nourrir leurs troupeaux dans des endroits où ils n'auront aucune location à payer. Ils font cependant pour la plupart le métier momentané de moissonneurs. Ils placent alors, sans qu'il leur en coûte rien, leurs tentes sur les terres de ceux qui les emploient.

La crainte de déplaire à ceux qui ne veulent pas travailler cause donc tout l'embarras. Or ceux qui ne sont pas dans les voies des bureaux arabes ne seront pas touchés de ce détail. Il serait curieux de sacrifier les intérêts majeurs de la colonie pour l'avantage et les convenances de quelques milliers de paresseux. Lorsque tout le Tell sera occupé par les propriétés particulières, les nomades loueront les emplacements dont ils auront besoin ; si l'argent leur manque pour payer le loyer, ils travailleront à la moisson. La production y gagnera et le bien public aussi.

N° 7

Une précaution pour le service des domaines.

Aussitôt que des lois ou décrets auront réglé le jour servant de point de départ à la fixation des droits de l'Etat sur les terres désertes ou en déshérence, elles deviendront l'objet d'envahissements nombreux. Des douars chercheront à s'en approprier des parties plus ou moins grandes pour augmenter leurs terres de pacage ou communaux, et des particuliers indigènes s'attribueront des droits de propriété imaginaires.

Si, comme nous le supposons, l'administration de l'enregistrement et des domaines est chargée de la prise de possession de ces biens, elle sera obligée à de nombreuses revendications. Il serait utile que dans un court délai après la création de chaque justice de paix, délai qui pourrait être fixé par la loi, elle fît afficher et publier les plans des parties du territoire du canton sur lesquelles elle se croit des droits, et que cette publication entraînât de sa part abandon de toutes prétentions sur les autres points. Cet expédient éviterait aux acquéreurs d'immeubles, pendant les dix années nécessaires pour prescrire contre elle, la crainte d'être évincés.

Ces observations portent sur les azels, dans les tribus où ils n'ont pas été déterminés.

N° 8

Pas de sensibilité déplacée.

L'entraînement qui porte une multitude de Français à faire de la justice comme au compas, et à la ramener, ainsi que bien d'autres sciences, à des systèmes rigides, est étrange ; et leur engouement mêlé de sentimentalisme pour des indigènes, qui, dès demain, reconnaîtraient leurs bontés par des coups de fusil s'ils étaient les plus forts, n'est pas moins singulier.

A ceux-là je dis : vous voulez donner des propriétés à tous les misérables des tribus qui ne possédèrent jamais un millimètre de terre ; vous prétendez vous jeter quand même, contre votre propre intérêt, dans les embarras insolubles et les lenteurs indéfinies d'une loi agraire ? Mais avant d'être si sensibles à l'égard des indigènes, oubliez-vous qu'il y a en France des milliers de pauvres qui sont vos frères !

— Cependant, répondent nos humanitaires, ces arabes font partie des tribus, ils sont les propriétaires du sol au même titre que leurs coreligionnaires entre les mains desquels il a été partagé.

— Il est vrai, je n'y songeais point, ils ont droit en effet à la propriété commune, à peu près comme chez nous les domestiques sont les co-propriétaires du bien de leurs maîtres !

N° 9

Comment l'État trouvera de l'argent s'il en manque ?

En ce moment les exigences de la guerre empêcheront peut-être le gouvernement d'avancer les sommes nécessaires à l'établissement de nouvelles justices de paix. Mais s'il fait appel aux capitaux particuliers il trouvera des compagnies qui consentiront à construire tous les bâtiments nécessaires, et à ne se payer de leurs débours, capitaux et intérêts, que sur les sommes provenant de la vente des terrains affectés aux chefs-lieux de canton.

N° 10

Pourquoi parler d'un titre à la famille ?

S'il nous fallait suivre et poursuivre toutes les idées folles nous n'en finirions pas.

On proposait dernièrement que l'Etat délivrât un titre à la famille.

C'est-à-dire que lorsque tout le monde demande l'individualité, il y en a qui viennent encore proposer l'indivision.

En donnant ce conseil on ne parle que des terres arch et on ne s'occupe pas des melk. Cela vient sans doute de ce que le pouvoir militaire a déjà dit que les propriétés melk étaient transmissibles. Mais en transformant en melk toutes les parcelles détenues comme arch, tout le territoire est possédé au même titre. Alors pourquoi faire des distinctions? Peut-être parce que les hommes compétents consultés, dit-on, sur ces beaux projets, sont d'anciens membres des bureaux arabes militaires ou civils.

N° 11

Une bonne loi.

Que de moyens de venir en aide à la propriété individuelle !

Que diriez-vous, par exemple, d'une loi qui édicterait que dans un certain délai, à dater de tel jour, tous les anciens actes écrits en arabe, reçus ou non par les cadis, ne sauraient prévaloir contre les titres authentiques ou simplement enregistrés, encore moins contre la transcription, et servir de base à des évictions?

Je la croirais bonne.

Les textes arabes falsifiés, et dont la falsification est si facile, cesseraient de menacer les personnes de bonne foi. On pourrait acquérir sans craindre la production d'un acte supposé antérieur.

Les détenteurs de titres en langue arabe ne sauraient se plaindre ; ils auraient le temps de les transformer. Il leur suffirait pour cela de les porter aux interprètes des tribunaux ou des justices de paix et de faire enregistrer leurs traductions. Ce serait simple et peu dispendieux.

Mais pour en arriver là, il faut d'abord avoir des juges de paix et des notaires.

N° 12

Quid ?

En 1848-49 on n'a créé que quatre à cinq villages.

En 1870-71 ne créera-t-on que quatre ou cinq justices de paix ?

TABLE

Bar-sur-Aube, imprimerie E.-M. Monniot.

ON PEUT SE PROCURER

L'OUVRAGE DE M. H. DE SENHAUX

Chez les Libraires dont les noms suivent :

Alger .... BASTIDE.
» .... JUILLET-SAINT-LAGER.
Constantine .... A. ARNOLET.
» .... L. MARLE.
Oran .... A. ALESSI.
» .... Mme DELIOT.
Philippeville .... Mme Ve MELLET.
» .... E. BERTIN.
Sétif .... MERCIER.
Batna .... ROUX.
Bône .... CAUVY.
Guelma .... HAVARD.

Et aussi chez tous les autres libraires de l'Algérie.

PARIS ..... CHALLAMEL aîné, 30, rue des Boulangers, et 27, rue de Bellechasse.

BAR-SUR-AUBE, IMPRIMERIE E.-M. MONNIOT.

www.ingramcontent.com/pod-product-compliance
Ingram Content Group UK Ltd.
Pitfield, Milton Keynes, MK11 3LW, UK
UKHW020243250726
13967UKWH00004B/1503

9 782012 467736